村集体股份经济合作社
会计基础及新业务研究

姜志强 著

山西出版传媒集团
山西经济出版社

图书在版编目（CIP）数据

村集体股份经济合作社会计基础及新业务研究 / 姜志强著 . — 太原：山西经济出版社，2022.8

ISBN 978-7-5577-1014-9

Ⅰ . ①村… Ⅱ . ①姜… Ⅲ . ①农业合作社 — 农业会计 — 研究Ⅳ . ① F302.6

中国版本图书馆 CIP 数据核字（2022）第 120484 号

村集体股份经济合作社会计基础及新业务研究

著　　者：	姜志强
责任编辑：	申卓敏
助理责编：	梁灵均
装帧设计：	梁灵均
选题策划：	吕应征

出 版 者：山西出版传媒集团·山西经济出版社
地　　址：太原市建设南路 21 号
邮　　编：030012
电　　话：0351 - 4922133（市场部）
　　　　　0351 - 4922085（总编室）
E-mail： scb@sxjjcb.com 市场部
　　　　 zbs@sxjjcb.com 总编室

经 销 者：山西出版传媒集团·山西经济出版社
承 印 厂：山西润金容印业有限公司

开　　本：787mm×1092mm　1/16
印　　张：11
字　　数：178 千字
版　　次：2022 年 8 月 第 1 版
印　　次：2022 年 8 月 第 1 次印刷
书　　号：ISBN 978-7-5577-1014-9
定　　价：48.00 元

主　编：　姜志强　张凤英

副主编：　于俊洋　丛朝日　王春丽　栾书聪　隋晨琛
　　　　　吕荫箫　张玉萍　王　霞　于永辉

主编简介

　　姜志强，山东省烟台市牟平区人，1966 年 12 月出生，大学本科学历，高级农业经济师，烟台市牟平区农村经济经营管理服务中心副主任。

　　在农村经济经营管理服务工作中，始终以制度建设为基础，以现代科技应用为抓手，以新业务研究及培训为手段，创新工作思路，强化服务功能，为乡村振兴做出了积极贡献。曾获得山东省政府授予的全省农经系统先进个人，省农业厅授予的农业宣传暨科技推广工作先进个人，省财政厅、农业厅授予的粮食直补先进个人。取得国家版权局颁发的"数字农经"软件著作权。农经信息平台建设成果获得农业农村部 2021 年数字农业农村新技术新产品新模式优秀项目。《关于乡村振兴中农村经济管理新举措的研究》课题获得中国管理科学研究院区域发展研究院经济研究中心科研项目一等奖，在《中国农民合作社》《农业知识》等刊物上发表论文多篇。

前　言

　　《中共中央国务院关于稳步推进农村集体产权制度改革的意见》（中发〔2016〕37号），明确规定：农村集体经济组织是集体资产管理的主体，是特殊的经济组织，可以称为经济合作社，也可以称为股份经济合作社。现阶段可由县级以上地方政府主管部门负责向农村集体经济组织发放组织登记证书，农村集体经济组织可据此向有关部门办理银行开户等相关手续，以便开展经营管理活动。发挥好农村集体经济组织在管理集体资产、开发集体资源、发展集体经济、服务集体成员等方面的功能作用。在基层党组织领导下，探索明晰农村集体经济组织与村民委员会的职能关系，有效承担集体经济经营管理事务和村民自治事务。有需要且条件许可的地方，可以实行村民委员会事务和集体经济事务分离。

　　为探索农村集体所有制有效实现形式，创新农村集体经济运行机制，保护农民集体资产权益。为适应村集体股份经济合作社这一特殊主体会计核算新业务的需要，在深入研究的基础上，依据《村集体经济组织会计制度》，结合对村集体股份经济合作社产权制度改革过程中成员股份量化、产权制度改革后独特收益分配方式等新业务会计核算的研究，对村集体股份经济合作社会计基础核算及新业务会计核算进行剖析。

目　录

第 1 章

村集体股份经济合作社会计概论

第一节　村集体股份经济合作社会计概述

一、村集体股份经济合作社会计的概念

村集体股份经济合作社是指农村产权制度改革后按村设置的社区性集体经济组织。村集体股份经济合作社会计是以货币为主要计量单位，运用专门方法，对村集体股份经济合作社经济活动进行连续、系统、完整的反映和监督的一种管理活动。

二、村集体股份经济合作社会计的职能

村集体股份经济合作社会计的基本职能包括进行会计核算和会计监督两个方面。

（一）会计核算职能

会计核算职能是指会计以货币为主要计量单位，通过确认、计量、记录和报告等环节，对村集体股份经济合作社的经济活动进行记账、算账、报账，提供会计信息的功能。

会计核算职能，具有下列特点：

一是以货币为主要计量单位。会计核算从数量上反映经济活动，可以采用货币、实物、劳动三种量度，货币量度是最基本、最主要的计量单位。所以会计核算要以货币量度为主，以实物量度和劳动量度为辅助量度。

二是以会计凭证为依据。会计的记录和计量必须以会计凭证为依据，必须保证会计信息具有真实性和可验证性。只有经过审核无误的原始凭证才能据以编制记账凭证，登记会计账簿，进行会计核算。

三是对已经发生的经济活动进行核算。会计核算主要是对已经发生的经济业务事项进行事中、事后的记录、计算、分析，通过加工处理后提供会计信息，反映村集体股份经济合作社经济活动的现时情况和历史状况；同时为村集体股

份经济合作社预测和分析经济前景、加强经营管理、进行正确决策和有效控制而服务。

四是具有完整性、连续性和系统性。会计核算要对村集体股份经济合作社的资金运动毫无遗漏地进行计量、记录和报告；对发生的经济业务事项的计量、记录和报告要连续进行；要采用科学的核算方法，分门别类地进行计量、记录和报告，提供系统的会计信息。

（二）会计监督职能

会计监督职能是指在进行会计核算的同时，对村集体股份经济合作社经济活动和相关会计核算的合法性、合理性进行审查。

会计监督可分为事前、事中和事后监督。其监督的内容包括：分析会计核算资料、检查遵纪守法情况、评价活动成果、确定经营目标、调整计划等内容。

会计核算和会计监督二者相辅相成，不可分割。会计核算是会计监督的前提，而会计监督是会计核算的保证。两者紧密结合，才能正确、及时、完整地反映经济活动，有效地提高经济效益。

三、村集体股份经济合作社会计对象与会计核算的具体内容

会计的对象是指会计核算和监督的内容。村集体股份经济合作社会计对象是指村集体股份经济合作社能够以货币表现的经济活动，即村集体股份经济合作社的价值运动或资金运动，包括资金投入、资金运用和资金退出等过程。

为了保证会计核算信息的全面完整，《中华人民共和国会计法》对会计核算内容做了具体规定。根据《会计法》的规定，村集体经济组织发生的下列经济业务事项，应当及时办理会计手续，进行会计核算：①款项和有价证券的收付；②财物的收发、增减和使用；③债权债务的发生和结算；④净资产、基金的增减；⑤收入、支出、费用、成本的计算；⑥财务成果的计算和处理；⑦其他需要办理会计手续、进行会计核算的事项。

第二节　村集体股份经济合作社
会计核算的一般要求

一、村集体股份经济合作社会计核算标准

村集体股份经济合作社应按《村集体经济组织会计制度》的规定，设置和使用会计科目，登记会计账簿，编制会计报表。

村集体股份经济合作社发生的收支、结算、分配等会计事项都必须按《村集体经济组织会计制度》的规定进行核算。村集体股份经济合作社所属企业及单位实行单独核算，执行行业会计制度。

二、村集体股份经济合作社会计核算依据

村集体股份经济合作社必须根据实际发生的经济业务事项进行会计核算，编制财务会计报告。

三、村集体股份经济合作社会计记账方法

村集体股份经济合作社会计采用借贷记账法。借贷记账法是以"借"和"贷"为记账符号，运用复式记账原理记账的一种复式记账方法。

四、村集体股份经济合作社收入和支出的核算原则

村集体股份经济合作社收入和支出的核算原则上采用权责发生制。以权（应收）责（应付）的发生为标准来确认本期收入和费用。按照权责发生制原则，凡是本期已经实现的收入和已经发生或应当负担的费用，不论其款项是否已经收

付，都应作为当期的收入和费用处理；凡是不属于当期的收入和费用，即使款项已经在当期收付，都不应作为当期的收入和费用。

五、村集体股份经济合作社会计年度

村集体股份经济合作社会计年度采用公历制，自公历 1 月 1 日起至 12 月 31 日止为一个会计年度，会计核算以人民币"元"为金额单位，"元"以下填至"分"。

六、村集体股份经济合作社会计核算方法

村集体股份经济合作社会计核算要运用一系列的方法：

（一）设置账户

设置账户是对会计核算的具体内容进行分类核算和监督的一种专门方法。由于会计对象的具体内容是复杂多样的，要对其进行系统的核算和经常性监督，就必须对经济业务进行科学的分类，以便分门别类地、连续地记录，据以取得符合经营管理所需要的信息和指标。

（二）复式记账

复式记账是对发生的每一项经济业务，都以相等的金额同时在两个或者两个以上互相联系的账户中进行登记的一种记账方法。采用复式记账方法，可以全面反映每一笔经济业务的来龙去脉，同时可以防止差错和便于检查账簿记录的正确性和完整性，是一种比较科学的记账方法。

（三）填制和审核凭证

会计凭证是记录经济业务，明确经济责任，据以登记账簿的书面证明。正确填制和审核会计凭证，是核算和监督经济活动财务收支的基础，是做好会计工作的前提。

（四）登记会计账簿

登记会计账簿简称记账，是以审核无误的会计凭证为依据，在账簿中分类、连续、完整地记录各项经济业务，以便为经济管理提供完整、系统的会计核算资料。账簿记录是重要的会计资料，是进行会计分析、会计检查的重要依据。

（五）成本计算

成本计算是按照一定对象归集和分配生产经营过程中发生的各种费用，以便确定总成本和单位成本的一种专门方法。产品成本是综合反映村集体股份经济合作社生产经营活动的一项重要指标。正确地进行成本计算，可以考核生产经营过程的费用支出水平，同时又是确定村集体股份经济合作社盈亏和制定产品价格的基础，并为村集体股份经济合作社进行经营决策提供重要数据。

（六）财产清查

财产清查是指通过盘点实物，核对账目，以查明各项财产物资实有数额的一种专门方法。通过财产清查，可以提高会计记录的正确性，保证账实相符。同时，还可以查明各项财产物资的保管和使用情况以及各种结算款项的执行情况，以便对积压或报毁的物资和逾期未收回的款项及时采取措施进行清理，从而加强对财产物资的管理。

（七）编制会计报表

编制会计报表是以特定表格的形式，定期反映村集体股份经济合作社的经营活动情况和结果的一种专门方法。会计报表主要以账簿中的记录为依据，经过一定形式的加工整理而产生一套完整的核算指标，用来考核、分析财务计划和预算执行情况以及编制下期财务和预算的重要依据。

以上会计核算的七种方法构成了一个完整的会计核算方法体系。在经济业务发生后，按规定的手续填制和审核会计凭证，并在有关账簿中进行登记；期末对生产经营过程中发生的费用进行成本计算和财产清查，在账证核对、账账核对、账实核对相符的基础上，根据账簿记录编制会计报表。村集体股份经济合作社会计核算工作程序如图1-1所示：

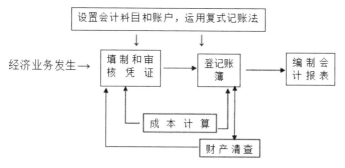

图1-1 村集体股份经济合作社会计核算工作程序

2章

村集体股份经济合作社会计核算基础

第一节　村集体股份经济合作社
会计要素与会计科目

一、会计要素

会计要素是对会计对象进行的基本分类，是会计核算对象的具体化，是构成会计报表的基本因素，同时也是设置账户的依据。村集体股份经济合作社的会计要素分为资产、负债、所有者权益、收入、费用和收益。其中，资产、负债和所有者权益三项会计要素表现资金运动的相对静止状态，即反映村集体股份经济合作社的财务状况；收入、费用和收益三项会计要素表现资金运动的显著变动状态，即反映村集体股份经济合作社的经营成果。

（一）资产

资产是由村集体股份经济合作社拥有或控制的，预期会给其带来经济利益的资源。如村集体股份经济合作社的现金、银行存款、房屋、设备等，都可以为村集体股份经济合作社带来经济利益。

对集体经济组织的资产按其流动性分为流动资产和非流动资产。流动资产主要是指在一年或超过一年的一个营业周期内应实现或耗用的资产，包括现金、银行存款、短期投资、应收款、库存物资等。非流动资产是指除流动资产以外的资产，包括农业资产、长期投资、固定资产和无形资产等。

村集体股份经济合作社资产要素的内容如图 2-1 所示：

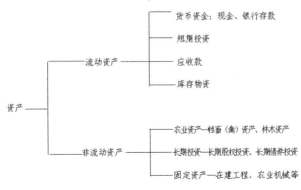

图 2-1　资产要素的内容

（二）负债

负债是过去的交易事项形成的现时义务，履行该义务预期会导致经济利益流出村集体股份经济合作社。如，村集体股份经济合作社的应付款、银行借款等，这些债务偿还时都会导致经济利益流出村集体股份经济合作社。

村集体股份经济合作社的负债按其流动性分为流动负债和非流动负债。流动负债主要是指预计在一年或超过一年的一个营业周期内应予以清偿的债务，包括短期借款、应付款、应付工资、应付福利费等。非流动负债是指除流动负债以外的负债，包括长期借款及应付款、一事一议资金、专项应付款等。

负债要素的内容如图 2-2 所示：

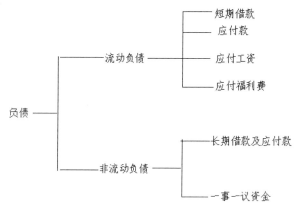

图 2-2　负债要素的内容

（三）所有者权益

所有者权益是所有者在村集体股份经济合作社资产中享有的经济利益，为资产减去负债后的余额，包括资本、公积公益金和未分配收益等。

所有者权益要素的内容如图 2-3 所示：

图 2-3　所有者权益要素的内容

（四）收入

收入是村集体股份经济合作社在销售商品、提供劳务和转让资产使用权等日常活动以及政府补助等形成的经济利益的总流入，包括经营收入、发包及上交收入、补助收入和其他收入

收入要素的内容如图 2-4 所示：

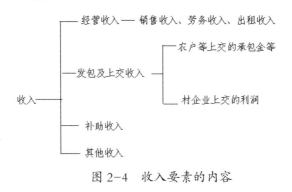

图 2-4　收入要素的内容

（五）费用

费用是村集体股份经济合作社为销售商品、提供劳务等日常经营活动所发生的各种经济利益的总流出，包括经营支出、管理费和其他支出等。

费用要素的内容如图 2-5 所示：

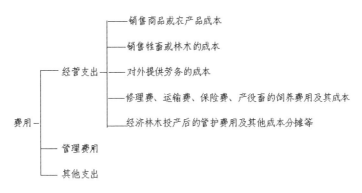

图 2-5　费用要素的内容

（六）收益

收益是指村集体股份经济合作社在一定会计期间的经营成果，是当年实现的各项收入扣除应由当年收入补偿的各项费用支出后的余额。

村集体股份经济合作社收益包括经营收益及收益总额。

经营收益是指经营收入加上发包及上交收入、投资收益，减去经营支出、管理费用后的金额。

收益总额是指经营收益加上补助收入、其他收入，减去其他支出后的金额。即：

经营收益 = 经营收入 + 发包及上交收入 + 投资收益 − 经营支出 − 管理费用

收益总额 = 经营收益 + 补助收入 + 其他收入 − 其他支出

二、会计科目

（一）会计科目的概念

会计科目是指对会计要素的具体内容进行分类核算的项目。会计对象、会计要素和会计科目的关系如图 2-6 所示：

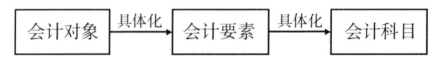

图 2-6　会计对象、会计要素、会计科目的关系

（二）会计科目的分类

会计核算应根据会计要素设置和运用一定数量的会计科目。各个会计科目之间是相互联系、相互补充的，共同组成了一个完整的会计科目体系。为了便于对会计科目的掌握和运用，需要按一定标准对会计科目进行分类。

1. 会计科目按其归属的会计要素分类

会计科目按其所属的会计要素不同，主要分为：

资产类科目：是对资产要素的具体内容进行分类核算的项目，按资产的流动性进一步分为反映流动资产的科目和反映非流动资产的科目。

负债类科目：是对负债要素的具体内容进行分类核算的项目，按负债的偿还期限分为反映流动负债的科目和反映长期负债的科目。

所有者权益类科目：是对所有者权益要素的具体内容进行分类核算的项目，按所有者权益的形成和性质可分为反映资本的科目和反映留存收益的科目。

成本类科目：是对产品、劳务成本的构成内容进行分类核算的项目，按成本的不同内容和性质可以分为反映制造成本的科目和反映劳务成本的科目，从会计要素的归属而言应属于资产要素。

损益类科目：是对收入、费用要素的具体内容进行分类核算的项目，按损益的不同内容可以分为反映收入的科目和反映费用的科目。

2. 会计科目按提供信息的详细程度及其统驭关系分类

会计科目按其所提供信息的详细程度及其统驭关系不同，可分为总分类科目和明细分类科目。

总分类科目，又称一级科目或总账科目，它是对会计要素具体内容进行总括分类、提供总括信息的会计科目；总分类科目反映各种经济业务的概括情况，是进行总分类核算的依据。

明细分类科目，又称明细科目，是对总分类科目作进一步分类、提供更详细和更具体会计信息的科目。

总分类科目对其所属的明细分类科目具有统驭和控制的作用，而明细分类科目是对其所归属的总分类科目的补充和说明。在我国，总分类科目在国家统一会计制度中统一规定，明细分类科目除国家统一会计制度规定设置的以外，各单位可根据实际需要自行设置。

（三）会计科目的设置

1. 设置原则

会计科目的设置应遵循以下原则：一是合法性原则。村集体股份经济合作社应根据《村集体经济组织会计制度》的规定，设置和使用会计科目。二是相关性原则。指所设置的会计科目应当为提供有关各方所需要的会计信息服务，满足对外报告与对内管理的要求。三是实用性原则。指所设置的会计科目应符合单位自身特点，满足单位实际需要。

2. 科目分类

会计科目按提供信息的详细程度及其统驭关系不同，可分为总分类科目和明细分类科目。

（1）总分类科目，又称一级科目或总账科目，它是对会计要素具体内容进行总括分类、提供总括信息的会计科目；总分类科目反映各种经济业务的概括情况，是进行总分类核算的依据。

（2）明细分类科目，又称明细科目，是对总分类科目作进一步分类、提供更详细和更具体会计信息的科目。

总分类科目对其所属的明细分类科目具有统驭和控制的作用，而明细分类科目是对其所归属的总分类科目的补充和说明。在我国，总分类科目在国家统一会计制度中统一规定，明细分类科目除国家统一会计制度规定设置的以外，各单位可根据实际需自行设置。

3. 村集体股份经济合作社常用会计科目

财政部于 2004 年 9 月 30 日印发的《村集体集体经济组织会计制度》中，制定了村集体集体经济组织通用的会计科目，其中常用的总账科目及相关明细科目的名称和编号如表 2-1 和表 2-2 所示。

表2-1　村集体股份经济合作社总账科目名称和编号

顺序号	科目编号	科目名称
		一、资产类
1	101	现金
2	102	银行存款
3	111	短期投资
4	112	应收款
5	113	内部往来
6	121	库存物资
7	131	牲畜（禽）资产
8	132	林木资产
9	141	长期投资
10	151	固定资产
11	152	累计折旧
12	153	固定资产清理
13	154	在建工程
		二、负债类
14	201	短期借款
15	202	应付款
16	211	应付工资
17	212	应付福利费
18	221	长期借款及应付款
19	231	一事一议资金
		三、所有者权益类
20	301	资本
21	311	公积公益金
22	321	本年收益
23	322	收益分配
		四、成本类
24	401	生产（劳务）成本
		五、损益类
25	501	经营收入
26	502	经营支出
27	511	发包及上交收入
28	521	农业税附加返还收入
29	522	补助收入
30	531	其他收入
31	541	管理费用
32	551	其他支出
33	561	投资收益

注：村集体经济组织有无形资产的，可增设"无形资产"科目（科目编号161）；有向所属单位拨付资金业务的，可增设"拨付所属单位资金"科目（科目编号171）；有接受国家拨入的具有专门用途的拨款的，可增设"专项应付款"科目（科目编号241）。

表2-2 村集体股份经济合作社总账科目和相关明细科目表

类别	总分类科目		明细分类科目	
	代码	名称	代码	名称
资产类	101	现金		
	102	银行存款		
	111	短期投资		
	112	应收款		
	113	内部往来		
	121	库存物资		
	131	牲畜（禽）资产		
	132	林木资产		
	141	长期投资		
	151	固定资产		
			151001	房屋及建筑物
			151002	电力设备
			151003	公共设施
			151004	水利设施
			151005	办公设备
			151006	机械设备
			151007	其他资产
	152	累计折旧		
	153	固定资产清理		
	154	在建工程		
	161	无形资产		

类别	总分类科目		明细分类科目	
	代码	名称	代码	名称
负债类	201	短期借款		
	202	应付款		
	211	应付工资		
	212	应付福利费		
			212001	计划生育费用
			212002	合作医疗费用
			212003	民兵训练及征兵费用
			212004	文体娱乐费用
			212005	军属优抚费用
			212006	五保、困难补助
			212007	老年补助
			212008	学校教育支出
			212009	社会保险费用
			212010	卫生防疫费用
			212011	村民慰问支出
			212012	其他
	221	长期借款及应付款		
	231	一事一议资金		
	241	专项应付款		
所有者权益类	301	资本		
			301001	国家资本
			301002	村组资本
			301003	外单位资产

续表

类别	总分类科目		明细分类科目	
	代码	名称	代码	名称
所有者权益类			301004	个人资本
			301005	其他
	311	公积公益金		
			311001	公积金
			311002	公益金
			311003	弥补福利费
			311004	弥补亏损
			311005	转增资本
			311006	接受捐赠
			311007	资本溢价
			311008	资产重估
			311009	拨款转入
			311010	其他
	321	本年收益		
	322	收益分配		
			322001	未分配收益
			322002	各项分配
成本类	401	生产劳务成本		
损益类	501	经营收入		
			501001	农业生产收入
			501002	林业生产收入
			501003	集体资产租赁收入

类别	总分类科目		明细分类科目	
	代码	名称	代码	名称
损益类			501004	渔业生产收入
			501005	电费收入
			501006	自来水收入
			501007	服务收入
			501008	劳务收入
			501009	牧业生产收入
			501010	其他经营性收入
	502	经营支出		
			502001	农业生产支出
			502002	林业生产支出
			502003	牧业生产支出
			502004	渔业生产支出
			502005	集体资产租赁支出
			502006	服务支出
			502007	劳务支出
			502008	其他经营性支出
	511	发包及上交收入		
			511001	承包收入
			511002	村办企业上缴利润
			511003	其他发包及上交收入
	522	补助收入		
			522001	上级补助收入
			522002	生态补偿
			522003	其他补助收入
	531	其他收入		
			531001	利息收入
			531002	财产盘盈溢价收入
			531003	罚款收入
			531004	防灾抗灾收入

续表

类别	总分类科目		明细分类科目	
	代码	名称	代码	名称
损益类			531005	其他
	541	管理费用		
			541001	干部报酬
			541002	固定及其他人员报酬
			541003	村干部保险金
			541004	村干部福利
			541005	通信费
			541006	交通费
			541007	折旧及修理费
			541008	办公费用
			541009	差旅费
			541010	会议培训费
			541011	招待费
			541012	工会经费
			541013	伙食补助费
			541014	选举费用
			541015	党务费用
			541016	法律服务费用
			541017	业务费
			541018	招商费
			541019	报刊费
			541020	其他
	551	其他支出		
			551001	公益及创建支出
			551002	利息支出
			551003	资产清理净损失
			551004	保洁费用
			551005	防汛抢险支出
			551006	社会治安费用
			551007	坏账损失

续表

类别	总分类科目		明细分类科目	
	代码	名称	代码	名称
			551008	其他
损益类	561	投资收益		
			561001	股票投资收益
			561001	债券投资收益
			561003	其他投资收益

三、会计账户

（一）账户的概念

账户是根据会计科目开设的、具有一定格式和结构，用于分类反映会计要素增减变动情况及其结果的载体。设置账户是会计核算的重要方法之一，实际工作中，会计账户的设置就是将一个个会计科目设在具有一定格式与结构的账页上，使其成为专门核算某项经济内容的专门场所。

（二）账户的基本结构

账户的结构是指账户用来记录经济业务事项时所必须具备的基本格式。由于经济业务事项的发生所引起的会计要素具体内容的变动，从数量上不外乎表现为增加和减少两种情况，所以账户的基本结构应包括增加和减少两部分，相应地分为左、右两个方向，一方登记增加，另一方登记减少。至于哪方登记增加、哪方登记减少，则取决于所记录的交易事项和账户的性质。

账户的基本结构具体包括账户名称（会计科目）、记录经济业务的日期、所依据记账凭证的编号、经济业务事项内容摘要、增加金额、减少金额和余额等，如表2-3所示。

为了简洁明了一般用简化格式"T"形账户来说明账户的基本结构，如图2-7所示。

表 2-3　账户名称（会计科目）

年		凭证		摘要	增加金额	减少金额	余额	
		种类	号数				借／贷	金额

图 2-7　"T" 形账户

（三）账户与会计科目的关系

账户与会计科目是两个密切相关的概念，两者之间既有联系又有区别。

账户与会计科目的联系是：账户与会计科目都是对会计对象具体内容的科学分类，两者口径一致、性质相同。会计科目是账户的名称，也是设置账户的依据；账户是会计科目的具体运用。没有会计科目，账户就失去了设置的依据；没有账户，就无法发挥会计科目的作用。

账户与会计科目的区别是：会计科目仅是对会计对象具体内容进行分类核算的项目或标志，仅仅是账户的名称，不存在结构；而账户要连续、系统地记录会计要素具体内容的增减变动和结果，必须具有一定的格式和结构。

在实际工作中，由于账户与会计科目关系密切，往往不加严格区分，而是相互通用。

第二节　村集体股份经济合作社
会计等式与记账方法

一、会计等式

会计等式是反映各会计要素之间数量关系的公式。村集体股份经济合作社各会计要素之间的数量关系构成了下列会计等式：

（一）资产 = 负债 + 所有者权益

该等式称为"会计基本等式"，它反映资产、负债和所有者权益三个会计要素之间的基本数量关系，是复式记账法的理论基础，也是编制资产负债表的依据。

（二）收益 = 收入 — 费用

该等式反映了村集体股份经济合作社一定时期内经营成果的形成过程，揭示了一定期间收入、费用和收益三个会计要素之间的关系，因此，也称为动态会计等式，它是编制收益及分配表的基础。

（三）资产 + 费用 = 负债 + 所有者权益 + 收入

该等式是会计基本等式的扩展形式，它将会计要素有机结合起来，完整地反映了村集体股份经济合作社的资金运动过程，揭示了资产负债表和收益及分配表要素相互之间的联系和依存关系。

二、借贷记账法

村集体股份经济合作社会计记账采用借贷记账法。借贷记账法是以"借""贷"为记账符号，以会计基本等式为记账基础，对每一笔交易或事项都要在两个或两个以上互相联系的账户中以相等的金额进行登记，系统地反映资金运动变化结果的一种复式记账方法。

（一）借贷记账法的记账符号

记账符号是指标明记账方向的记号。借贷记账法以"借""贷"二字作为记账符号，表示会计要素增加或减少的记账方向。至于"借"和"贷"谁表示增加、谁表示减少，则取决于账户的性质及结构。"借"表示资产的增加与负债、所有者权益的减少，"贷"表示资产的减少与负债、所有者权益的增加。

（二）借贷记账法下的账户结构

在借贷记账法下，账户分为左右两方，左方称为借方，右方称为贷方，分别用"借""贷"两个记账符号表示各会计要素的增加和减少。

资产类账户的结构。资产类账户的借方记录资产的增加额，贷方记录资产的减少额，余额一般应在借方，表示结存资产的账面余额。其基本结构如图 2-8 所示。

借方	账户名称（会计科目）	贷方
期初金额		
本期增加额		本期减少额
期末余额		

图 2-8　资产类账户的基本结构

负债和所有者权益类账户的结构。负债和所有者权益类账户的贷方记录增加额，借方记录减少额，余额一般应在贷方，表示负债和所有者权益的账面余额。其基本结构如图 2-9 所示。

借方	账户名称（会计科目）	贷方
		期初金额
本期减少额		本期增加额
		期末金额

图 2-9　负债和所有者权益类账户的基本结构

损益类账户的结构。损益类账户包括收入类账户和费用类账户。由于收入的增加可视同所有者权益的增加，费用的增加可视同所有者权益的减少，所以收入类账户在结构上与所有者权益类账户相同，费用类账户在结构上与所有者权益类账户相反与资产类账户相同；但损益类账户期末结转后应无余额。即：收入类账户的贷方记录增加额，借方记录减少额，期末将本期贷方发生额减去本期借方发生额后的差额转入所有者权益类账户，结转后应无余额。其基本结构如图 2- 10 所示。

借方	账户名称（会计科目）	贷方
收入减少额		收入增加额
收入结转额		收入增加额
本期发生额合计		本期发生额合计

图 2-10　收入类账户的基本结构

费用类账户的借方记录增加额，贷方记录减少额，期末将本期借方发生额减去本期贷方发生额后的差额转入所有者权益类账户，结转后应无余额。其基本结构如图 2-11 所示。

借方	账户名称（会计科目）	贷方
费用增加额		费用减少额
费用增加额		费用结转额
本期发生额合计		本期发生额合计

图 2-11 费用类账户的基本结构

在借贷记账法下，"借""贷"二字作为记账符号，指示着账户记录的方向。在一般情况下，各类账户余额的方向与记录增加额的方向是一致的，即资产类账户的余额一般在借方，负债和所有者权益类账户的余额一般在贷方，所以可以根据账户余额的方向来判断账户的性质。村集体股份经济合作社会计中的个别账户，如"内部往来"等，是双重性质账户，应根据账户余额的方向来判断：如果余额在借方就确认为资产类账户，如果余额在贷方就可确认为负债和所有者权益类账户。

（三）借贷记账法的记账规则

记账规则是指在记账时应遵循的规定和守则。借贷记账法的记账规则"有借必有贷，借贷必相等"，即对于每一笔交易事项都要在两个或两个以上相互联系的账户中以借方和贷方相等的金额进行登记。

在运用借贷记账法的记账规则记录发生的交易事项时，首先，应对交易事项的内容进行分析，确定所涉及的会计要素类别及其增减变动；然后，根据设置的会计科目和借贷记账法下的账户结构，分析确定应记入的账户及其借贷方向和金额。

（四）借贷记账法的试算平衡

试算平衡是指根据资产与负债和所有者权益的恒等关系以及借贷记账法的记账规则，检验所有账户记录是否正确的过程。在借贷记账法下，试算平衡包括发生额试算平衡法和余额试算平衡法两种。

1. 发生额试算平衡法

发生额试算平衡法，就是根据本期所有账户借方发生额合计与贷方发生额合计的恒等关系，检验本期发生额记录是否正确的方法。其试算平衡公式如下：

所有账户本期借方发生额合计 = 所有账户本期贷方发生额合计

这种试算平衡的原理是：在借贷记账法下，对发生的每一项交易事项都是按照"有借必有贷，借贷必相等"的记账规则记账的，所以不仅每一笔交易事项记录的借贷发生额相等，而且将一定时期的全部交易事项登记入账后，其结果必然是所有账户的本期借方发生额合计等于所有账户的本期贷方发生额合计。

2. 余额试算平衡法

余额试算平衡法，就是根据本期所有账户借方余额合计与贷方余额合计的恒等关系，检验本期账户记录是否正确的方法。根据余额时间不同，又可分为期初余额平衡与期末余额平衡两类，期初余额平衡是期初所有账户借方余额合计与贷方余额合计相等；期末余额平衡是期末所有账户借方余额合计与贷方余额合计相等。其试算平衡公式如下：

所有账户借方期初余额合计 = 所有账户贷方期初余额合计

所有账户借方期末余额合计 = 所有账户贷方期末余额合计

这种试算平衡的原理是：在借贷记账法下，凡是有借方余额的账户都是资产类账户，凡是有贷方余额的账户都是负债和所有者权益类账户；按照"资产 = 负债 + 所有者权益"的恒等关系，全部资产类账户的借方余额合计必然等于全部负债和所有者权益类账户的贷方余额合计。

在实际工作中，可以通过编制发生额和余额试算平衡表来进行试算平衡，其格式如表2-4所示。

表2-4 总分类账户本期发生额和余额试算平衡表

20×× 年 × 月

账户名称	期初余额		本期发生额合计		期末余额	
（会计科目）	借方	贷方	借方	贷方	借方	贷方

续表

账户名称 (会计科目)	期初余额		本期发生额合计		期末余额	
	借方	贷方	借方	贷方	借方	贷方
合计						

应当指出，通过上述试算平衡后，如果期初余额、本期发生额和期末余额三个方面都能平衡相等，则说明记账工作基本上是正确的，但不能肯定账户记录一定无误。这是因为有些错误并不影响借贷平衡，如记账时出现漏记、重记或者将借贷方向记反等错误，并不能通过试算平衡来发现，还必须辅以其他方法予以查找。如果借贷不平衡，则可以肯定账户记录出现了差错，应采用一定的方法进一步查明原因，及时予以纠正。

三、会计分录

(一) 会计分录的概念

会计分录，是指对某项交易事项标明其应借应贷账户及其金额的记录。

构成会计分录的要素有三个：一是账户名称即会计科目；二是记账符号即借和贷；三是应记金额。

(二) 会计分录的分类

按照所涉及账户的多少，会计分录分为简单会计分录和复合会计分录两种。

简单会计分录是指只涉及一个账户借方和另一个账户贷方的会计分录，即一借一贷的会计分录。简单会计分录中账户对应关系非常清楚，一目了然。当发生的交易事项只涉及两个账户时，应编制简单会计分录。

复合会计分录是指有两个以上对应账户所组成的会计分录，即一借多贷、多借贷或者多借多贷的会计分录。当发生的交易事项涉及两个以上 (不含两个) 账户时，应编制复合会计分录。编制复合会计分录，可以集中、全面地反映某项交易事项的全貌，简化记账手续，但账户对应关系不够明确。一般不提倡"多借多贷"的复合会计分录。

（三）会计分录的编制步骤

根据发生的交易事项编制会计分录时，一般应按照下列步骤编制：一是分析交易事项涉及的是资产（费用、成本）还是负债或所有者权益（收入）；二是确定涉及的账户及其增加还是减少；三是确定记入账户的借贷方向及金额；四是检查确定应借应贷账户是否正确，借贷金额是否相等。会计分录有其规范的格式。习惯上，会计分录为上下式结构，借方账户在上，贷方账户在下，先借后贷、借贷错开、金额相等。

例如，村集体股份经济合作社以银行存款 50000 元购入不需安装即可使用的设备，作为固定资产进行核算，其会计分录为：

借：固定资产　　　　　50000
　贷：银行存款　　　　　50000

实际工作中，会计分录是在记账凭证上编制的。

第三节　村集体股份经济合作社会计凭证

一、会计凭证的概念、意义和种类

（一）会计凭证的概念

会计凭证，简称凭证，是记录经济业务、明确经济责任的书面文件，是登记账簿的依据。编制和审核会计凭证，是会计工作的起点和基础。村集体股份经济合作社发生任何一项经济业务，都要办理凭证手续，由执行或完成该项业务的有关人员填制会计凭证，要说明经济业务发生的日期，反映经济业务的内容、数量和金额，并在凭证上签名或盖章，对凭证的真实性和完整性负完全责任。会计凭证要经过有关人员的严格审核，审核无误后，才能作为登记账簿的依据。因此，正确地填制和审核会计凭证，是会计核算的一种专门方法，是核算和监督经济活动、财务收支的基础，是做好会计工作的基础。

（二）会计凭证的意义

合法地取得、正确地填制和审核会计凭证，是会计核算的基本方法之一，对于从源头上保证会计资料的真实完整、有效地实施会计监督、明确经济责任等都具有重要意义。

填制会计凭证，可以及时、准确地提供各项经济业务的原始资料，传递会计信息。会计信息在村集体股份经济合作社内部管理中，一般是通过数据资料，以会计凭证、账簿、报表等反映出来的。随着经济的发展，及时准确的经济信息在管理中的作用越来越重要。会计凭证既是取得数据资料的手段，也是传递信息的工具。通过会计凭证的传递直接传导经济信息，可以协调会计主体内部的经济活动，保证生产的发展，同时又为会计分析和检查提供基础资料。

填制会计凭证，可以加强经济管理上的责任制。会计凭证中反映了经济业务的内容、发生时间以及有关人员的签字盖章，这样，就可以确定各经办单位及人员所负的经济责任，从而加强他们的责任感，也便于单位和组织的领导对有关人员进行考察。

填制和审核会计凭证，可以发挥会计监督作用，保护本单位财产的安全和合理使用。通过填制和审核会计凭证，可以检查各项财产物资保管人员的工作情况，监督各项经济业务是否符合国家财经方针政策、制度，检查是否有铺张浪费、贪污盗窃等损害集体财产的行为和违纪现象，保护集体财产的安全和合理使用。

（三）会计凭证的种类

为了正确地使用和填制会计凭证，必须对会计凭证进行分类。会计凭证按照编制的程序和用途不同，分为原始凭证和记账凭证两类。

二、原始凭证

（一）原始凭证的概念和种类

1. 原始凭证的概念

原始凭证是在经济业务发生时直接取得或者填制的，是用来记载经济业务发生和完成情况、明确经济责任的书面证明。它是进行会计核算的原始资料和重要依据。村集体股份经济合作社对会计事项办理会计手续、进行会计核算时，必须取得或填制原始凭证，并及时送交会计部门或会计人员，以保证会计核算工作的顺利进行。

2. 原始凭证的种类

原始凭证按照不同的标志，可分为不同的类型。

（1）原始凭证按取得的来源不同可分为自制原始凭证和外来原始凭证。

①自制原始凭证。是由本单位经办业务的部门和人员，在执行或完成某项经济业务时所填制的凭证。如仓库保管员验收材料物资时填制的收料单、生产领用物资填制的领料单。

②外来原始凭证。是本单位与其他单位或个人发生业务关系时，从对方取得的原始凭证，如收款单位开出的收款收据、供货单位开出的发票。

（2）原始凭证按填制手续及内容不同可分为一次凭证、累计凭证和汇总凭证。

①一次凭证，是只反映一项经济业务或同时反映若干项同类型经济业务的凭证，凭证的填制手续是一次完成的。绝大多数原始凭证都是一次凭证。例如：收据、银行结算凭证、收料单、领料单、发货票等。

②累计凭证，是为了便于加强管理，简化手续，用来连续反映一定时期内若干项不断发生的同类型经济业务的原始凭证。这种凭证的填制手续不是一次完成的，是把经常发生的同类型业务连续登记在一张凭证上，填制手续需在期末时才能完成。这种凭证，可以随时计算发生额累计数，便于同定额、计划、预算数进行比较，从而达到控制支出、节约开支的目的。

③汇总凭证，即汇总原始凭证，也称原始凭证汇总表，是指将一定时期内反映交易或事项内容相同的若干张原始凭证，按照一定标准综合填制的原始凭证。例如：发料汇总表、差旅费报销单等。

（二）原始凭证的基本内容

无论哪一种原始凭证，都应该说明有关经济业务的执行和完成情况，应该明确经办部门和人员的经济责任。因此，各种原始凭证又都具有共同的基本内容，通常称为凭证要素，主要有：

（1）原始凭证名称；

（2）填制凭证的日期、凭证的编号；

（3）接受凭证单位名称（抬头人）；

（4）经济业务内容（含数量、单价、金额等）；

（5）填制单位签章、有关人员（部门负责人、经办人员）签章、填制凭证单位名称或者填制人姓名；

（6）凭证附件。

（三）原始凭证的填制要求

一是填制凭证要真实。根据经济业务在原始凭证上填写日期、业务内容、数量、金额等内容时，必须与实际情况相一致，确保凭证内容真实可靠，这样才能为经营管理提供正确的依据。

二是填制凭证要完整。填制原始凭证时，必须按规定的格式和内容逐项填写齐全，同时必须由经办业务的部门和人员签字盖章，对凭证的真实性和正确性负完全的责任。

三是填制凭证要及时。应当根据经济业务的执行和完成情况及时填制原始凭证。这对于正确、如实地反映业务内容，加强会计监督是非常重要的，同时也可以避免由于填制原始凭证不及时、事后记忆模糊、办手续时易出现的差错。

四是填制凭证要清楚。填制凭证的文字要简要、规范，字迹要清楚，易于辨认。阿拉伯数字要逐个书写清楚，大小写金额要符合规定，正确填写。

五是更正凭证要正确。各种凭证都不得随意涂改、刮擦、挖补，更正要用划线法。即将写错的文字和数字用红线划掉，再将正确的数字或文字填写在画线部分的上方，并加盖经手人印章。但应注意，提交银行的各种结算凭证的大小写金额一律不得更改。如果填写错误，应加盖"作废"，重新填写。对于印有连续编号的凭证，在写错时，加盖"作废"戳记并予以保存，不能撕毁。

（四）原始凭证的审核

原始凭证只有经过指定的会计人员审核无误后，才能作为编制记账凭证的依据。对原始凭证的审核，是对会计信息质量实施源头控制的重要环节，也是会计基础工作的一项重要内容，对于保证会计核算资料的真实、合法、完整、准确，充分发挥会计的监督职能作用具有重要意义。原始凭证主要从以下两个方面进行审核：

一是从政策法规、制度方面审核凭证的真实性、合法性。包括：原始凭证的内容是否符合国家财经制度和有关经济合同的要求；凭证日期、业务内容、金额、凭证来源、凭证来身是否真实等。对于伪造、涂改、经济业务不合法的凭证，应拒绝办理，并及时报村主要负责人处理。

二是从业务技术方面审核凭证填制的完整性、准确性。包括：原始凭证的基本内容是否逐项填写，经济活动内容的说明是否明确，数字计算是否正确，大小写金额是否一致，有关人员是否签章，有无刮擦、挖补、涂改等现象。如果发现不完整、不准确、不符合规定的凭证，应退回补填或更正。

三、记账凭证

（一）记账凭证的种类

记账凭证，又称记账凭单，是会计人员根据审核无误的原始凭证，按照交易事项的内容加以归类，并据以确定会计分录后所填制的会计凭证，是登记账簿的直接依据。

记账凭证按不同的标志，可以分为不同的种类。

1.记账凭证按内容可分为收款凭证、付款凭证和转账凭证

收款凭证，是指用于记录现金和银行存款收款业务的记账凭证，是登记总账、现金日记账和银行存款日记账以及有关明细账的依据，其一般格式如图2-12所示。

付款凭证，是指用于记录现金和银行存款付款业务的记账凭证，是登记总账、现金日记账和银行存款日记账以及有关明细账的依据，其一般格式如图2-13所示。

借方科目　　　　　　　　　年　月　日　　　　　　　收字第　号

摘要	贷方科目		账页	金额	
	总账科目	明细科目		总账科目	明细科目
合计					

会计主管：　　　记账：　　　出纳：　　　审核：　　　填制：

图2-12　收款凭证

贷方科目　　　　　　　　　　　年　月　日　　　　　　　　付字第　　号

摘要	借方科目		账页	金额	
	总账科目	明细科目		总账科目	明细科目
合计					

会计主管：　　　记账：　　　出纳：　　　审核：　　　填制：

图 2-13　付款凭证

转账凭证，是指用于记录现金和银行存款收付业务以外的转账业务的记账凭证，是登记总账和有关明细账的依据，其一般格式如图 2-14 所示。

年　月　日　　　　　　　　转字第　　号

摘要	总账科目	明细科目	账页	借方金额	贷方金额
合计					

会计主管：　　　记账：　　　复核：　　　制单：

图 2-14　转账凭证

收款凭证、付款凭证和转账凭证，都是按交易事项的某种特定属性定向使用的记账凭证，因此都属于专用记账凭证。对于交易事项比较单纯、业务量也较少的村集体股份经济合作社，也可以采用通用记账凭证。通用记账凭证是各类交易事项共同使用的记账凭证，其一般格式如图 2-15 所示。

年　月　日　　　　　　　　记字第　　号

摘要	总账科目	明细科目	账页	借方金额	贷方金额
合计					

会计主管：　　　记账：　　　出纳：　　　复核：　　　制单：

图 2-15　记账凭证

四、会计凭证的传递与保管

（一）会计凭证的传递

会计凭证的传递，是指从经济业务发生、取得原始凭证开始，直到会计凭证归档保管为止的传递手续。会计凭证能否及时传递并及时进行会计处理，直接关系到会计核算工作的正确、及时。各单位可根据自身情况，规定各种凭证的传递程序，保证按质按量完成核算任务。

（二）会计凭证的保管

会计凭证是重要的会计档案和历史资料，必须加强保管，防止散失，保证其安全完整。

一是各种记账凭证，连同所附的原始凭证，按编号顺序折叠整齐，按期装订成册，并加具封面、封底，注明单位名称、年度、月份和起止日期、凭证种类、起止号码，由装订人在装订线封签处签名或盖章。对于数量过多的原始凭证，可以单独装订保管，在封面上注明记账凭证日期、编号、种类，同时在记账凭证上注明"附件另订"和原始凭证名称及编号。

二是原始凭证不得外借，其他单位如因特殊原因需要使用原始凭证时，经本单位会计机构负责人、会计主管人员批准，可以复制。向外单位提供的原始凭证复制件，应在专设的登记簿上登记，并由提供人员和收取人员共同签名或盖章。

三是会计凭证保管期满后，按规定程序报经批准后，方可销毁。

第四节　村集体股份经济合作社会计账簿

一、会计账簿的概念和意义

会计账簿是指由一定格式并相互联系的若干账页组成的，以会计凭证为依据，用来连续、系统、全面、完整地登记村集体股份经济合作社各项经济业务事项的簿籍。

设置和登记会计账簿，是重要的会计核算基础工作，是会计核算的专门方法之一。会计账簿是连接会计凭证和会计报表的中间环节，在会计核算中具有重要意义。

账簿是连续、系统、全面、完整地登记各项经济业务的工具。通过设置和登记账簿，就能把会计凭证所提供的大量分散的核算资料，按照一定的程序，分门别类地登记到各个账户中去，以便取得完整的核算资料。

账簿资料是编制会计报表的主要依据。通过设置和登记账簿，可以为经营管理提供比较系统、完整的会计资料，账簿中总分类核算和明细分类核算的资料，是编制会计报表的主要依据。

账簿资料是检查、分析经济活动的依据。通过账簿的设置与登记可以确定收益分配的形成，提供收益分配形成的详细内容，为集体经济组织进行分配提供依据，还可以检查、分析经济活动，考核收益和收益分配计划的完成情况。

二、会计账簿的种类

会计账簿按照不同的标志，可以分为不同的类别。

（一）会计账簿按用途分类

会计账簿按其用途，可以分为序时账簿、分类账簿和备查账簿。

1. 序时账簿

序时账簿又称日记账，是对各项经济业务按其发生时间的先后顺序，逐日逐笔连续进行登记的账簿。序时账簿按其记录的内容不同分为普通日记账和特种日记账两种。在我国，大多数单位一般只设现金日记账和银行存款日记账，这两种日记账是专为提供现金和银行存款收付及结存情况的详细资料而设置的特种日记账。

2. 分类账簿

分类账簿又称分类账，是对全部经济业务按总分类账户和明细分类账户进行分类登记的账簿。分类账簿按其反映指标的详细程度划分，分为总分类账簿和明细分类账簿两种。

总分类账簿是根据总分类科目设置，用以记录全部经济业务总括核算资料的分类账簿，是登记村集体股份经济合作社全部资金变动及其结果总括情况的账簿。

明细分类账是根据总账科目所属的明细科目设置，用以记录某一类经济业务明细核算资料的分类账。明细账能提供比较详细的核算资料，对总账所记载的经济业务起补充作用。

3. 备查账簿

备查账簿又称辅助账簿，是对某些不能在日记账和分类账中记录的经济事项或记录不全的经济业务进行补充登记的账簿。主要是为某些经济业务的经营决策提供必要的参考资料，如农副产品、有价证券、以经营租赁方式租入固定资产的登记簿等。备查账簿没有固定的格式，其格式可由各单位根据管理的需要及不同经济业务情况自行设置，也可使用分类账的账页格式。备查账的登记依据可以没有原始凭证和记账凭证，登记的方法可以采用单式记账，也可以采用文字记录。

(二) 会计账簿按外形特征分类

会计账簿按其外形特征可以分为订本式账簿、活页式账簿和卡片式账簿。

1. 订本式账簿

订本式账簿是在账簿启用前，就把若干顺序编号的账页装订在一起的账簿。采用订本式账簿，可以避免账页散失，并防止抽换账页。订本式账簿主要适用于总分类账、现金日记账和银行存款日记账。

2. 活页式账簿

活页式账簿简称活页账，是在账簿登记完毕之前不把账页固定装订在一起，而是装在活页账夹中的账簿。当账簿登记完毕之后 (通常是一个会计年度结束之后)，才将账页予以装订，加具封面，并给各账页连续编号。这种账簿可以随时取放，便于账页的重新排列和记账人员的分工，有利于记账工作电算化；但是账页容易散失和被随时抽换。活页式账簿主要适用于各种明细分类账。

3. 卡片式账簿

卡片式账簿简称卡片账，是将账户所需格式印刷在卡片上，并将卡片存放在卡片箱中的账簿。严格地说，卡片式账簿也是种活页账，其优缺点与活页账簿基本相同。在我国，单位一般只对固定资产的明细核算采用卡片账形式。

(三) 会计账簿按账页格式分类

会计账簿按其账页格式可以分为三栏式账簿、多栏式账簿和数量金额式账簿等。

1. 三栏式账簿

三栏式账簿是指其账页格式设有借方、贷方和余额三个基本栏目的账簿。它适用于只需进行金额核算的账户，如现金日记账、银行存款日记账、总分类账以及资本、债权债务明细账，等等。

2. 多栏式账簿

多栏式账簿是在账页的两个基本栏目借方和贷方按需要分设若干专栏的账簿。其借方和贷方下的专栏，可以按照明细科目或某明细科目下的各明细项目设置。这种账簿主要适用于需要反映其构成内容，以便为管理提供详细资料的账户，如收入、费用和成本等明细账。这种账簿可以按"借方"和"贷方"分别设专栏，也可以只设"借方"专栏，"贷方"的内容在相应的"借方"专栏内用红字登记，表示冲减。

3. 数量金额式账簿

数量金额式账簿是指在账页的借方、贷方和余额三个栏目内都再分设数量、单价和金额三个小栏，借以反映财产物资实物数量和价值量的账簿。它主要适用于既要登记金额又要登记数量的财产物资明细账，如"库存物资"等。

三、记账的基本规则

为了保证账簿记录正确、规范，登记账簿应遵守下列基本规则：

（一）账簿启用规则

为了确保账簿的合规和完整，明确记账责任，启用新账簿时，应当在账簿封面写明单位名称和账簿名称。在账簿扉页上应当附启用表，内容包括：启用日期、账簿页数（活页账应在装订成册后填明页数）、记账人员或者会计机构负责人、会计主管人员签章，加盖公章。记账人员或者会计机构负责人、会计主管人员变动时，应注明交接日期和接办人员姓名，并由交接人双方签名或盖章。

（二）账簿登记规则

一是登记会计账簿时，应当将会计凭证日期、编号、业务内容摘要、金额和其他有关资料逐项记入账内，做到数字准确、摘要清楚、登记及时、字迹工整。

二是登记完毕后，要在记账凭证上签名或者盖章，并注明已经登账的符号表示已经记账。

三是账簿中书写的文字和数字应紧靠底线书写，上面要留有适当空格，不要写满格，一般应占格距的 1/2。

四是登记账簿要用蓝黑墨水或者碳素墨水书写，不得使用圆珠笔（银行的复写账簿除外）或者铅笔书写。

五是下列情况，可以用红色墨水记账：按照红字冲账的记账凭证，冲销错误记录；在不设借贷等栏的多栏式账页中，登记减少数；在三栏式账户的余额栏前，如未印明余额方向的，在余额栏内登记负数余额；根据国家统一会计制度的规定可以用红字登记的其他会计记录。

六是各种账簿应按页次顺序连续登记，不得跳行、隔页。如果发生跳行、隔页，应当将空行、空页划线注销，或者注明"此行空白""此页空白"字样，并由记账人员签名或者盖章。

七是凡需要结出余额的账户，结出余额后，应当在"借或贷"栏内写明"借"或者"贷"字样。没有余额的账户，应在"借或贷"栏内写"平"字，并在"余额"栏用"~"表示。

八是每一账页登记完毕结转下页时，应当结出本页合计数及余额，写在本页最后一行和下页第一行有关栏内，并在摘要栏内注明"过次页"和"承前页"字样；也可以将本页合计数及金额只写在下页第一行有关栏内，并在摘要栏内注明"承前页"字样。对需要结计本月发生额的账户，如现金、银行存款日记账、收入、费用明细账等，结计"过次页"的本页合计数应当为自本月初起至本页末止的发生额合计数;对需要结计本年累计发生额的账户,结计"过次页"的本页合计数应当为自年初起至本页末止的累计数;对既不需要结计本月发生额,也不需要结计本年累计发生额的账户,如库存物资明细账等,可以只将每页末的余额结转次页。

九是实行会计电算化的单位,总账和明细账应当定期打印。

(三)错账更正规则

账簿记录发生错误,不准涂改、挖补、刮擦或者用药水消除字迹,不准重新抄写,必须按下列方法更正。

1. 划线更正法

在结账前发现账簿记录有文字或数字错误,而记账凭证没有错误,采用划线更正法。更正时,可在错误的文字或数字上画一条红线,在红线的上方填写正确的文字或数字,并由记账及相关人员在更正处盖章。对于错误的数字,应全部画红线更正,不得只划去、更正其中的错误数字。对于文字错误,可只划去、更正错误的部分。

2. 红字更正法

记账后在当年内发现记账凭证所记的会计科目错误,或者会计科目无误而所记金额大于应记金额,从而引起记账错误,采用红字更正法。更正方法是:记账凭证会计科目错误时,用红字填写一张与原记账凭证完全相同的记账凭证,以示注销原记账凭证,然后用蓝字填写一张正确的记账凭证,并据以记账;记账凭证会计科目无误而所记金额大于应记金额时,按多记的金额用红字编制一张与原记账凭证应借、应贷科目完全相同的记账凭证,以冲销多记的金额,并据以记账。

3. 补充登记法

记账后发现记账凭证填写的会计科目无误,只是所记金额小于应记金额时,采用补充登记法。更正方法是:按少记的金额用蓝字编制一张与原记账凭证应借、应贷科目完全相同的记账凭证,以补充少记的金额,并据以记账。

四、对账与结账

为了总结一定时期内(月、季、年)的生产经营活动及其财务成果,便于及时、正确地编制会计报表，必须定期进行对账和结账工作。

（一）对账

对账，就是核对账目，是保证会计账簿记录质量的重要程序。对账工作至少每年进行一次，对账主要包括账证核对、账账核对和账实核对。

1. 账证核对

账证核对是指核对会计账簿记录与原始凭证、记账凭证的时间、凭证字号、内容、金额是否一致，记账方向是否相符。

2. 账账核对

账账核对是指核对不同会计账簿之间的账簿记录是否相符。包括：总分类账簿有关账户的余额核对；总分类账簿与所属明细分类账簿核对；总分类账簿与序时账簿核对；明细分类账簿之间的核对。

3. 账实核对

账实核对是指各项财产物资、债权债务等账面余额与实有数额之间的核对。包括：现金日记账账面余额与库存现金数额是否相符；银行存款日记账账面余额与银行对账单的余额是否相符；各项财产物资明细账账面余额与财产物资的实有数额是否相符；有关债权债务明细账账面余额与对方单位的账面记录是否相符。

（二）结账

结账，就是把一定时期内发生的全部交易事项登记入账的基础上，按规定方法将各种账簿记录进行小结，计算并记录本年合计发生额和期末余额。各单位必须按一定的程序和方法在会计期末进行结账。

1. 结账的程序

（1）将本期发生的经济业务事项全部登记入账，并保证其正确性；

（2）根据权责发生制的要求，调整有关账项，合理确定本期应计的收入和应计的费用；

（3）将损益类科目转入"本年收益"科目，结平所有损益类科目；

（4）结算出资产、负债和所有者权益科目的本期发生额和余额，并结转下期。

2. 结账的方法

（1）对不需按月结计本期发生额的账户，每次记账以后，都要随时结出余额，每月最后一笔余额即为月末余额。月末结账时，只需要在最后一笔经济业务事项记录之下划通栏单红线，不需要再结计一次余额。

（2）现金、银行存款日记账和需要按月结计发生额的收入、费用等明细账，每月结账时，要结出本月发生额和余额，在摘要栏内注明"本月合计"字样，并在下面划通栏单红线。

（3）需要结计本年累计发生额的某些明细账户每月结账时，应在"本月合计"行下结出自年初起至本月末止的累计发生额，登记在月份发生额下面，在摘要栏内注明"本年累计"字样，并在下面划通栏单红线。12月末的"本年累计"就是全年累计发生额，全年累计发生额下划通栏双红线。

（4）总账账户平时只需结出月末余额。年终结账时，将所有总账账户结出全年发生额和年末余额，在摘要栏内注明"本年合计"字样，并在合计数下划通栏双红线。

（5）年度终了结账时，有余额的账户，要将其余额结转下年，并在摘要栏注明"结转下年"字样；在下一会计年度新建有关会计账户的第一行余额栏内填写上年结转的余额，并在摘要栏注明"上年结转"字样。

五、账簿的更换和保管

（一）账簿的更换

会计年度终了，收益分配结束，应按规定更换新账。

总账、日记账和大部分明细账应每年更换一次，但有些明细账，如财产物资明细账、债权债务明细账以及固定资产卡片账等，可以跨年度连续使用。

年度终了，需要更换新账的，对有余额的账户，其余额可直接计入下年新账，在新账第一行"摘要"栏内注明"上年结转"字样，在余额栏内记入上年余额数。

（二）账簿的保管

年度结束后，将使用的活页账装订成册，连同订本账统一编号，归档保管。已归档的会计账簿原则上不得借出，有特殊需要须经上级主管单位或本单位领导、会计主管人员批准，并要办理借阅手续。

会计账簿是重要的会计档案之一，必须严格按《会计档案管理办法》的规定妥善保管，不得丢失和任意销变。

第五节 村集体股份经济合作社 账务处理程序

一、账务处理程序的概念和种类

(一)账务处理程序的概念

账务处理程序也称会计核算组织程序或会计核算形式,是指会计凭证、会计账簿、会计报表相结合的方式,包括会计凭证和账簿的种类、格式,会计凭证与账簿之间的联系方法,由原始凭证到编制记账凭证、登记明细分类账和总分类账、编制会计报表的工作程序和方法等。

(二)账务处理程序的种类

常用的账务处理程序主要有记账凭证账务处理程序、汇总记账凭证账务处理程序和科目汇总表账务处理程序,其中记账凭证账务处理程序是最基本的账务处理程序,是其他账务处理程序的基础。

二、不同种类账务处理程序的内容

(一)记账凭证账务处理程序

记账凭证账务处理程序是指对发生的经济业务事项,都要根据原始凭证或汇总原始凭证编制记账凭证,然后直接根据记账凭证逐笔登记总分类账的一种账务处理程序。它是最基本的账务处理程序,其一般程序是:根据原始凭证编制原始凭证汇总表;根据原始凭证或原始凭证汇总表,编制记账凭证;根据收款凭证、付款凭证逐笔登记现金日记账和银行存款日记账;根据原始凭证、汇总原始凭证和记账凭证,登记各种明细分类账;根据记账凭证逐笔登记总分类账;期末,现金日记账、银行存款日记账和明细分类账的余额同有关总分类账的余额核对相符;期末,根据总分类账和明细分类账的记录,编制会计报表。

记账凭证账务处理程序的一般程序 如图 2-16 所示。

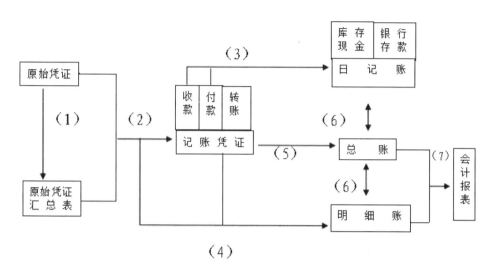

图 2-16 记账凭证账务处理程序

记账凭证账务处理程序简单明了，易于理解，总分类账可以较详细地反映经济业务的发生情况。其缺点是登记总分类账的工作量较大。该账务处理程序适用于规模较小、业务量较少的单位。

（二）汇总记账凭证账务处理程序

汇总记账凭证账务处理程序是根据原始凭证或汇总原始凭证编制记账凭证，定期根据记账凭证分类编制汇总收款凭证、汇总付款凭证和汇总转账凭证，再根据汇总记账凭证登记总分类账的一种账务处理程序。其一般程序是：根据原始凭证编制汇总原始凭证；根据原始凭证或汇总原始凭证，编制记账凭证；根据收款凭证、付款凭证逐笔登记现金日记账和银行存款日记账；根据原始凭证、汇总原始凭证和记账凭证，登记各种明细分类账；根据各种记账凭证编制有关汇总记账凭证；根据各种汇总记账凭证登记总分类账；期末，现金日记账、银行存款日记账和明细分类账的余额同有关总分类账的余额核对相符；期末，根据总分类账和明细分类账的记录，编制会计报表。

汇总记账凭证账务处理程序的一般程序如图 2-17 所示。

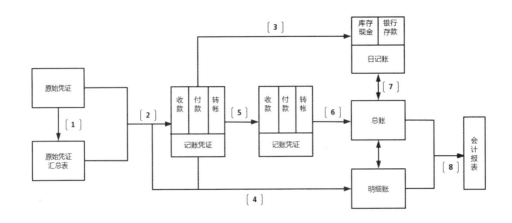

图 2-17 汇总记账凭证账务处理程序

汇总记账凭证账务处理程序减轻了登记总分类账的工作量，便于了解账户之间的对应关系。其缺点是：按每一贷方科目编制汇总转账凭证，不利于会计核算的日常分工，当转账凭证较多时，编制汇总转账凭证的工作量较大。该账务处理程序适用于规模较大、业务量较多的单位。

（三）科目汇总表账务处理程序

科目汇总表账务处理程序又称记账凭证汇总表账务处理程序，它是根据记账凭证定期编制科目汇总表，再根据科目汇总表登记总分类账的一种账务处理程序。其一般程序是：根据原始凭证编制汇总原始凭证；根据原始凭证或汇总原始凭证编制记账凭证；根据收款凭证、付款凭证逐笔登记现金日记账和银行存款日记账；根据原始凭证、汇总原始凭证和记账凭证登记各种明细分类账；根据各种记账凭证编制科目汇总表；根据科目汇总表登记总分类账；期末，现金日记账、银行存款日记账和明细分类账的余额同有关总分类账的余额核对相符；期末，根据总分类账和明细分类账的记录，编制会计报表。

科目汇总表账务处理程序的一般程序如图 2-18 所示。

科目汇总表的格式如表 2-4 所示。

科目汇总表账务处理程序减轻了登记总分类账的工作量，并可做到试算平衡，简明易懂，方便易学。其缺点是：科目汇总表不能反映账户对应关系，不便于查对账目。它适用于规模大、业务量多的单位。

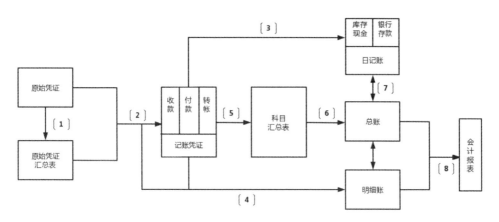

图 2-18 科目汇总表账务处理程序

表 2-4　科目汇总表

年　月　日　　　　　　　　　　汇字第　　号

会计项目	账页	本期发生额		记账凭证起讫日
		借方	贷方	
合计				

第六节　村集体股份经济合作社财产清查

一、财产清查的意义

财产清查是指通过对货币资金、实物资产和往来款项的盘点或核对，确定其实存数，查明账存数与实存数是否相符的一种专门方法。

财产清查是会计核算的专门方法之一，加强财产清查工作，对于加强村集体经济管理，保证会计核算质量，充分发挥会计的监督作用具有重要意义。

一是通过财产清查，可以查明账实是否相符，从而保证会计资料的客观真实；

二是通过财产清查，可以查明各项财产物资的保管情况，从而加强和改善管理，保护财产物资的安全完整；

三是通过财产清查，可以查明单位遵纪守法情况，从而采取措施，促进单位严格执行财经法纪；

四是通过财产清查，可以针对所发现的问题，采取措施、改进管理，建立健全相关内部控制制度，提高管理水平。

二、财产清查的种类

财产清查可以按不同的标志进行分类，主要有以下两种分类方法：

（一）按财产清查的范围分为全面清查和局部清查

1. 全面清查

全面清查是对本单位所有的财产物资进行全面的清查、盘点核对。全面清查的内容一般包括：单位所有的固定资产、燃料、产成品和其他工程物资；现金、银行存款及其他货币资金；各项债权债务、对外投资等。但由于全面清查内容多、涉及面广，时间长，一般只在下列情况下进行：年终决算之前；发生撤销、合并、改制或改变原来隶属关系；按规定进行资产评估、清产核资等；主要负责人离任；发生重大经济违法事件。

2.局部清查

局部清查是指根据需要对一部分财产物资进行的清查。被清查对象主要是流动性较大的财产。一般主要对以下资产进行局部清查：贵重物资，每月都要进行清查，以防损失或破坏；库存现金应由出纳人员每天清查一次，银行存款和银行借款，每月同银行核对一次；流动性较大的库存物资，如化肥、农药、产役畜、产成品等，一般在本年度内采取轮流盘点或重点抽查；各种债权债务每年应与有关单位核对至少一至两次。

（二）按清查的时间可分为定期清查和不定期清查

1.定期清查

定期清查是根据管理制度的规定或预先计划安排的时间对财产物资、债权债务所进行的清查。这种清查的对象不定，可以全面清查也可以局部清查。其清查的目的在于保证核算资料的真实正确，一般是在年末、季末或月末结账时进行。

2.不定期清查

不定期清查事先并不规定清查的时间，而是根据需要临时进行的财产清查。同定期清查一样，它可以是对所有财产的全面清查，也可以是对部分财产的局部清查。从实际工作来看，一般在下列几种情况下才需要进行临时清查：更换财产物资和现金保管人员时；财产物资发生非常损失时；配合有关部门对本单位进行会计检查时；临时性的清产核资工作时。

三、财产清查的程序和方法

（一）财产清查的一般程序

建立财产清查组织；组织清查人员学习有关政策规定，掌握有关法律、法规和相关业务知识，以提高财产清查工作的质量；确定清查对象、范围，明确清查任务；制订清查方案，具体安排清查内容、时间、步骤、方法，以及必要的清查前准备；清查时本着先清查数量、核对有关账簿记录等，后认定质量的原则进行；填制盘存清单；根据盘存清单填制实物、往来账项清查结果报告表。

（二）财产清查的方法

1. 货币资金的清查方法

（1）现金的清查。采用实地盘点的方法来确定库存现金的实存数，然后再与现金日记账的账面余额核对，以查明账实是否相符及盈亏情况。其步骤如下：

首先，在盘点前，出纳人员应先将现金收、付款凭证全部登记入账，并结出余额。

其次，调查时，出纳人员必须在场，现金由出纳人员经手盘点，清查人员从旁监督。盘点时，除查明账实是否相符外，还要查明有无违反现金管理制度规定，如有无以"白条"抵充现金，现金库存是否超过核定的限额，有无坐支现金等。最后，盘点结束应根据盘点结果编制"库存现金盘点报告表"，并由检查人员和出纳员签名盖章，作为重要的原始凭证。它具有"盘存单"和"账存实存对比表"的作用，格式如表2-5所示。

表2-5　库存现金盘点报告表

单位名称：　　　　　　　　　　　　　　　　　　　　年　月　日

实存金额	账存金额	对比结果		备注
		盘盈	盘亏	

负责人：　　　盘点人：　　　出纳员：

（2）银行存款的清查。银行存款的清查，主要是通过与开户银行核对账目的方法进行，即将银行送来的对账单与本单位银行存款日记账进行逐笔核对，以查明账实是否相符。通常在月末，由会计人员核对一次。如果由清查人员进行清查，则事前要取得银行存款的对账单，并将单位银行存款账面余额结清，再将二者逐笔核对。如果二者不相符，应该查找差异的原因。除了双方记账错误外，未达账项的存在也会造成双方银行存款余额不一致。所谓未达账项是指单位和开户银行双方因为凭证传递时间上的差异造成一方已经入账，另一方尚未入账的事项。

具体可以分为以下四种情况：一是单位送存银行的款项，单位已作为银行存款的增加入账，而银行尚未入账。二是单位开出的支票等付款凭证，单位已经入账，减少银行存款，而银行尚未收到通知，未办理支付手续。三是银行代单位收进的款项，银行已登记入账，作为单位银行存款的增加，但单位尚未收到通知，因而尚未入账。四是银行代单位付出的款项，银行已作为单位存款的减少入账，单位尚未入账。

以上任何一种情况存在，都将导致单位银行存款账面余额与银行对账单余额不一致。因此，在清查中，除了对发现的错误要按规定的程序报请更正外，对于发现的未达账项也要编制出"银行存款余额表"来检验调节后的存款余额是否相符，如表2-6所示。

表2-6　银行存款余额调节表

年　　月　　日

项目	金额	项目	金额
单位银行存款账面余额		银行对账单余额	
加：银行已收，单位未收账项 减：银行已付，单位未付账项		加：单位已收，银行未收账项 减：单位已付，银行未付账项	
调节后的存款余额		调节后的存款余额	

编制银行存款余额调节表，消除未达联项的影响后，银行存款对账单存款余额与单位银行存款日记账账面余额应当相等。

应注意的是，编制"银行存款余额调节表"并不需要更改账簿记录。"银行存款余额调节表"只是清查的一种方式，不能作为账务处理的原始依据。通常作为清查资料与银行对账单一并附在当月银行存款日记账后保存。

上述对银行存款的清查方法，也同样适用于对银行借款的清查。另外，通过银行借款的清查，还可以检查其借款是否按规定用途使用，是否按期归还等。

2. 实物资产的清查方法

（1）财产物资的盘存制度。财产物资的盘存制度有永续盘存制和实地盘存制两种。①永续盘存制，亦称账面盘存制，它是通过设置财产物资明细账，根据有关原始凭证在财产物资明细账中逐日或逐笔登记增加、减少数，并随时计算出其结存数额的一种盘存核算制度。②实地盘存制，是指平时对库存物资只登记增加数，不登记减少数，每月月末结账时，通过盘点实物，来确定库存财产物资的数量，据此倒查各种财产物资的减少数，并登记入账的一种盘存制度。一般适用于价值小、收发频繁的财产物资。不难看出，虽然清查盘点的目的不同，但不论采用哪种盘存制度，都必须对财产物资进行定期或不定期的清查盘点。

（2）实物资产的清查方法。常用的实物财产清查方法主要有实地盘点法和技术推算法两种。①实地盘点法，即通过点数、过磅、量尺等方法，确定财产物资实有数量的方法。在清查工作中，为了清查方便，凡是可以通过实地盘点的财产物资应尽量用标准仪器进行计数。这种方法适用机器设备、包装好的原材料和产成品等的清查。②技术推算法，又称技术匡算法、技术估计法，主要是对大量成堆、难以逐一清点的物资，可以先测算其总重量，再测量其单位重量，然后再换算成总重量的一种方法，例如，散装的化肥、饲料、皮棉等。至于财产物资的质量检验，可以根据不同的物理、化学性质采取不同的技术方法，并依据其质量情况，按照成本价值的原则，对清查物资的价值作出如实的记录。

3. 往来款项的清查方法

各种往来款项的清查，一般采用发函询证的方法进行核对，即采取与对方(债务人或债权人)核对账目的方法。具体做法是：首先应检查本单位各项往来账项的账簿记录是否正确和完整，账证、账账是否相符；确定无误后，再编制对账单，对账单应按明细账将账目逐笔抄清，一式两份，一份留存，一份寄送对方单位核对；对方单位经过详细核对后，在上面注明相符或不相符的情况并盖章之后退回清查单位，由清查单位作为清查结果或进一步核对的依据。对于单位与债权人或债务人之间的未达账项，也可以采用余额调节表的形式进行校对。如经双方核对，确系记录上的错误，应按规定方法予以改正；如属于有争执的账项和不可能收回的账项，应报有关部门批准后另行处理。

对于单位内部各部门之间往来账项的清查，可以根据有关账簿记录直接进行核对；对于单位与内部村民个人之间往来账项的清查，可以采取定期张榜公布或直接与本人核对的方法进行核对。

四、财产清查结果的处理

经过财产清查，必然会查出财产物资账存数与实存数是否相符的情况，对于财产物资的盘盈、盘亏，除了经过调查分析，查明原因，分清责任，并按照规定作出处理外，为了保证会计核算资料的真实性，还必须对清查结果及其结果的处理在账簿上予以反映，并通过对账簿记录的调整，做到账实相符。对于清查结果的账务处理，一般分两步进行：第一步，对财产清查中发现的各种差异即已查明属实的财产盘盈盘亏，根据财产物资盘盈盘亏报告表的记录编制记账凭证并登记账簿，使各项财产的账存数同实存数相一致；第二步，根据差异原因和按规定报经批准后的处理意见，将处理结果做会计分录并登记入账。

第3章

村集体股份经济合作社资产的核算

第一节　村集体股份经济合作社
货币资金的核算

货币资金是村集体股份经济合作社资产中的重要组成部分，是村集体股份经济合作社资产中流动性最强的资产。根据货币资金存放地点及其用途不同，货币资金分现金、银行存款和其他货币资金。由于货币资金具有高度流动性，在组织会计核算中，加强货币资金的管理和控制是至关重要的。

一、货币资金管理的基本要求

村集体股份经济合作社必须根据有关法律法规，结合实际情况，建立健全货币资金内部控制制度。

一是建立货币资金业务的岗位责任制，明确相关部门和岗位的职责权限。明确审批人和经办人对货币资金业务的权限、程序、责任和相关控制措施。

二是向单位和农户收取现金时手续要完备，使用统一规范的收款凭证。村集体股份经济合作社取得的所有现金均应及时入账，不准以白条抵库，不准坐支，不准挪用，不准公款私存。应严格遵守库存现金限额管理制度，库存现金不得超过规定限额。

三是必须建立健全现金开支审批制度，严格现金开支审批手续。对手续不完备的开支，不准付款；对不合理的开支，经办人有权向民主理财小组或上级主管部门反映。

四是要及时、准确地核算现金收入、支出和结存，做到账款相符。要组织专人定期或不定期清点核对库存现金。

五是要定期与开户银行核对账目。支票和财务印鉴不得由同一人保管。

六是应当定期或不定期对货币资金内部控制进行监督检查，对发现的薄弱环节，应当及时采取措施，加以纠正和完善。

二、现金的核算

现金是指存放于村集体股份经济合作社，由出纳人员保管的货币资金。"现金"科目核算村集体股份经济合作社的现金，该科目期末借方余额，反映村集体股份经济合作社实际持有的现金。"现金"科目可按人民币、外币设置二级明细科目，外币还可以按照外币币种设置三级明细科目进行明细核算。

村集体股份经济合作社应当严格按照国家有关现金管理的规定收支现金，超过库存现金限额的部分应当及时交存银行，并严格按照国家统一会计制度规定核算现金的各项收支业务。有关"现金"科目应用会计分录如下：

收入现金时：

借：现金

　　贷：有关科目

支出现金时：

借：有关科目

　　贷：现金

（一）现金收入的核算

村集体股份经济合作社收入现金主要途径有：从银行提取现金，收取零星收入款，村民交回的剩余差旅费款，收取对个人的罚款，无法查明原因的现金溢余等。收到现金时，借记"现金"账户，贷记有关账户。

[例 3-1] 村集体股份经济合作社从开户 A 农商行提取现金 2000 元备用。会计分录为：

借：现金——人民币 2000

　　贷：银行存款——人民币 (A 农商行)2000

（二）现金支出的核算

村集体股份经济合作社按照国务院颁布的《现金管理暂行条例》中现金开支范围的规定支付现金时，借记有关账户，贷记现金账户。

[例 3-2] 村集体股份经济合作社成员张三出差借 500 元，以现金付讫时。会计分录为：

借：内部往来——张三　500

　　贷：现金——人民币　500

（三）现金明细分类核算

为了全面、系统、连续、详细地反映有关现金的收支情况和库存余额，村集体股份经济合作社应设置"现金日记账"，有外币业务的还应按外币币种单设"现金日记账"。明细分类核算时，由村集体股份经济合作社出纳人员根据审核无误的收付款凭证，按照业务发生的先后顺序逐日逐笔登记，每日终了时计算现金结余金额，并将结余金额与实际库存现金金额进行核对，保证账款相符。如果发现账款不符，应及时查明原因，并进行处理。月度终了，将"现金日记账"的余额与"现金"总账的余额进行核对，做到账账相符。

三、银行存款的核算

银行存款是指村集体股份经济合作社存放于银行或其他金融机构的货币资金。"银行存款"科目核算村集体股份经济合作社存入银行、农商行或其他金融机构的款项。本科目应按人民币、外币设置二级明细科目，按银行、农商行或其他金融机构的名称设置三级明细科目，进行明细核算。本科目的期末借方余额，反映村集体股份经济合作社实际存在银行、农商行或其他金融机构的款项。村集体股份经济合作社应当严格按照国家有关支付结算办法，正确进行银行存款收支业务的结算，并按照国家统一会计制度规定核算银行存款的各项收支业务。有关"银行存款"科目应用会计分录如下：

将款项存入银行、信用社或其他金融机构时：

借：银行存款

　　贷：有关科目

提取和支出存款时：

借：有关科目

　　贷：银行存款

（一）银行存款的总分类核算

村集体股份经济合作社银行存款的收付及其结存情况通过"银行存款"账户进行会计核算，该账户的借方登记银行存款的增加，贷方登记银行存款的减少，期末余额在借方，反映村集体股份经济合作社期末银行存款的余额。村集体股份经济合作社应当严格按照有关制度的规定进行银行存款的核算和管理，将款项存入银行或其他金融机构时，借记"银行存款"账户，贷记"现金"等有关账户；提取现金或支付在银行或其他金融机构中的存款时，借记"现金"等有关账户，贷记"银行存款"账户。

[例3-3] 村集体股份经济合作社将6000元现金存入A银行。会计分录为：

借：银行存款——人民币(A银行) 6000

　　贷：现金——人民币 6000

[例3-4] 村集体股份经济合作社购买转账支票、现金支票各一本，共计20元，以A银行存款支付。会计分录为：

借：管理费用——办公费 20

　　贷：银行存款——人民币（A银行） 20

（二）银行存款的明细分类核算

为反映有关银行存款收支的情况，村集体股份经济合作社应当按照开户银行和其他金融机构等，分别设置"银行存款日记账"，由出纳人员根据审核无误的银行存款收付款凭证，按照业务发生的先后顺序逐日逐笔登记。每日终了时应计算银行存款收入合计、银行存款支出合计及结余数，"银行存款日记账"应定期与银行转来的对账单核对相符，至少每月核对一次。有外币业务的，应在"银行存款"账户下分别按人民币和各种外币设置"银行存款日记账"进行明细分类核算。

第二节　村集体股份经济合作社
应收款项的核算

村集体股份经济合作社的应收款项划分为两类：一是村集体股份经济合作社与村集体股份经济合作社以外的单位和个人发生的应收及暂付款项，为外部应收款，以"应收款"科目核算；二是村集体股份经济合作社与所属单位和本村村民发生的应收及暂付款项，为内部应收款，以"内部往来"科目核算。

一、应收款项管理的基本要求

村集体股份经济合作社应收款项包括对单位和个人的各项应收及暂付款项。对拖欠的应收款项要采取切实可行的措施积极催收。对债务单位撤销，确实无法追还；或债务人死亡，既无遗产可以清偿，又无义务承担人，确实无法收回的款项，按规定程序批准核销后，计入其他支出。由有关责任人造成的损失，按规定程序报批，由其赔偿。

二、外部应收款项核算

外部应收款项是指村集体股份经济合作社与外部单位和外部个人发生的各种应收及暂付款项。村集体股份经济合作社外部应收款项通过"应收款"账户进行会计核算。该账户借方登记村集体股份经济合作社应收及暂付外部单位和个人的各种款项，贷方登记已经收回的或已转销的应收及暂付款项，余额在借方，反映尚未收回的应收款项。在"应收款"科目下，应按不同的外部单位和个人设置明细账，详细反映各种应收款项的情况。

村集体股份经济合作社因销售商品、提供劳务等而发生应收及暂付款项时，借记本科目，贷记"经营收入""现金""银行存款"等有关科目；收回款项时，借记"现金""银行存款"等科目，贷记本科目；对确实无法收回的应收款项，按规定程序批准核销时借记"其他支出"等科目，贷记本科目。有关"应收款"科目应用会计分录如下。

村集体股份经济合作社因销售商品、提供劳务等而发生应收及暂付款项时：

借：应收款

　　贷：经营收入、现金、银行存款等

收回款项时：

借：现金、银行存款等

　　贷：应收款

对确实无法收回的应收款项，按规定程序批准核销时：

借：其他支出等

　　贷：应收款

[例 3-5] 村集体股份经济合作社销售一批鸡蛋到 B 超市，成本 12000 元，售价 16000 元，货款尚未收到。

会计分录为：

借：应收款——B 超市　16000

　　贷：经营收人——鸡蛋销售收入　16000

同时结转成本：

借：经营支出——鸡蛋销售成本　12000

　　贷：库存物资——鸡蛋　12000

三、内部应收款项核算

内部应收款项是指村集体股份经济合作社与所属单位和村民发生的各种应收及暂付款项。村集体股份经济合作社内部应收款项通过"内部往来"账户进行核算。

"内部往来"是一个双重性质的账户，它既核算村集体股份经济合作社与所属单位和村民发生的各种应收及暂付款项业务，也核算各种应付及暂收款项业务。该账户借方登记村集体股份经济合作社与所属单位和村民发生的各种应收及暂付款项和村集体股份经济合作社归还的各种应付及暂收款项，贷方登记村集体股份经济合作社与所属单位和村民发生的各种应付及暂收款项和村集体股份经济合作社收回的各种应收及暂付款项。该账户各明细账户的期末借方余额合计数反映村集体股份经济合作社所属单位和村民尚欠村集体股份经济合作社的款项总额。各明细账户的期末贷方余额合计数反映村集体股份经济合作社尚欠所属单位和村民的款项总额。

为详细反映内部往来业务情况，村集体股份经济合作社应按所属单位和村民名称设置"内部往来"明细账户，进行明细核算。各明细账户年末借方余额合计数应在资产负债表的"应收款项"项目内反映，各明细账户年末贷方余额合计数应在资产负债表的"应付款项"项目内反映。

村集体股份经济合作社与所属单位和村民发生应收款项和偿还应付款项时：

借：内部往来

　　贷：现金、银行存款等

收回应收款项和发生应付款项时：

借：现金、银行存款等

　　贷：内部往来

村集体股份经济合作社因所属单位和村民承包集体耕地、林地、果园、鱼塘等而发生的应收承包金或村（组）办企业的应收利润等，年终按经过批准的方案结算出本期所属单位和村民应交未交的款项时：

借：内部往来

　　贷：发包及上交收入

实际收到款项时：

借：现金、银行存款等

　　贷：内部往来

村集体股份经济合作社因筹集事宜资金与村民发生的应收款项，在筹资方案经成员大会或成员代表大会通过时，按照筹资方案规定的金额：

借：内部往来

　　贷：一事一议资金

收到款项时：

借：现金等

　　贷：内部往来

[例 3-6]村集体股份经济合作社向所属中信公司按协议提供饲料 10 吨，成本 10000 元，售价 18000 元，价款尚未收到。会计分录为：

借：内部往来——中信公司　18000

　　贷：经营收入——饲料销售收入　18000

同时结转成本：

借：经营成本——饲料销售成本　10000

　　贷：库存物资——饲料　10000

[例 3-7]中信公司向村集体股份经济合作社借款 10000 元，用于周转，村集体股份经济合作社从 A 银行转账支付，会计分录为：

借：内部往来中信公司　10000

　　贷：银行存款——人民币（A 银行）　10000

第三节　村集体股份经济合作社
存货的核算

　　村集体股份经济合作社的存货是指在生产经营过程中用于销售、耗费而储备的各种材料或物资，包括各种材料、燃料、机械零配件、包装物、种子、化肥、农药、农产品、在产品、半成品、产成品等。

一、存货管理的基本要求

　　1.建立健全存货内部控制制度
　　村集体股份经济合作社应当建立健全存货内部控制制度，建立保管人员岗位责任制。存货入库时，由会计填写入库单，保管员根据入库单清点验收，核对无误后入库；出库时，由会计填写出库单，主管负责人批准，领用人签名盖章，保管员根据出库单出库。
　　村集体股份经济合作社应当定期或不定期对存货内部控制进行监督检查，对发现的薄弱环节，应当及时采取措施，加以纠正和完善。
　　2.建立健全采购业务内部控制制度
　　村集体股份经济合作社应当建立健全采购业务内部控制制度，明确审批人和经办人的权限、程序、责任和相关控制措施。对于审批人超越授权审批的采购与付款业务，经办人员有权拒绝办理，并及时向民主理财小组或上级主管部门反映。
　　（1）应当按照规定的程序办理采购与付款业务。应当在采购与付款各环节设置相关的记录、填制相应的凭证，并加强有关单据和凭证的相互核对工作。在办理付款业务时，应当对采购发票、结算凭证、验收证明等相关凭证进行严格审核。
　　（2）应当加强对采购合同、验收证明、入库凭证、采购发票等文件和凭证的管理。

（3）应当定期或不定期对采购业务内部控制进行监督检查，对发现的薄弱环节，应当及时采取措施，加以纠正和完善。

3. 建立健全销售业务内部控制制度

村集体股份经济合作社应当建立健全销售业务内部控制制度，明确审批人和经办人的权限、程序、责任和相关控制措施。

（1）应当按照规定的程序办理销售和发货业务。应当在销售与发货各环节设置相关的记录、填制相应的凭证，并加强有关单据和凭证的相互核对工作。

（2）应当按照有关规定及时办理销售收款业务，应将销售收入及时入账，不得设置账外账，不得坐支现金。

（3）应当加强销售合同、发货凭证、销售发票等文件和凭证的管理。

（4）应当定期或不定期对销售业务内部控制进行监督检查，对发现的薄弱环节，应当及时采取措施，加以纠正和完善。

4. 建立财产物资定期盘点制度

村集体股份经济合作社对存货要定期盘点核对，做到账实相符，年度终了前必须进行一次全面的盘点清查。盘盈的存货，按同类或类似存货的市场价格计入其他收入；盘亏、毁损和报废的存货，按规定程序批准后，按实际成本扣除应由责任人或者保险公司赔偿的金额和残料价值后的余额，计入其他支出。

二、存货的计价

一是购入的存货，按其实际成本计价。包括买价（入存货发票上所列示的货款金额），运杂费（包括运输费、装卸费、保险费等），运输途中的合理损耗，入库前的挑选整理费用（包括挑选整理过程中发生的工、费支出和挑选整理过程中所发生的数量损耗，并扣除回收的下脚料价值）以及按规定应计入成本的税金和其他费用。

二是自制的存货，按自制过程中发生的材料费、工资、加工费等各项实际支出计价。

三是委托外单位加工的存货，按实际耗用的原材料或半成品的实际成本以及发生的往返运输费、装卸费、保险费、加工费和缴纳的税金等计价。

四是生产入库的农产品，按生产过程中发生的实际支出计价。

五是投资者投入的存货，按照投资各方确认的价值计价。

六是盘盈的存货，按同类或类似存货的市场价格计价。

七是接受捐赠的存货，如果捐赠方提供了有关凭据的，按凭据上标明的金额加上村集体股份经济合作社支付的运输费、保险费、缴纳的税金等相关税费作为实际成本计价；如果捐赠方没有提供有关凭据的，应当参照同类或类似存货的市场价格，估计出该存货的金额，加上为接受该项捐赠所支付的相关税费作为实际成本计价。

三、库存物资的总分类核算

村集体股份经济合作社出入库的材料、商品、包装物和低值易耗品，以及验收入库的农产品，通过"库存物资"账户进行核算。"库存物资"账户借方登记外购、自制生产，委托加工光成、盘盈等原因而增加的物资的实际成本，贷方登记发出、对外销售、盘亏、毁损等原因而减少的物资的实际成本，余额在借方，反映期末库存物资的实际成本。

（一）库存物资的一般会计处理

村集体股份经济合作社"库存物资"的常见业务处理如下：

集体经济组织在购买或其他单位及个人投资投入的原材料、农用材料等物资验收入库时：

借：库存物资

　贷：现金、银行存款、应付款、资本等

会计期末，对已收到并验收入库但发票账单尚未收到的购入物资，先估价入账：

借：库存物资

　贷：应付款

下月初，用红字冲回。

村集体股份经济合作社生产的农产品收获入库或工业产成品完工入库时，按照其实际成本：

借：库存物资

　贷：生产（劳务）成本

库存物资领用时：

借：生产（劳务）成本、应付福利费、在建工程等

　　贷：库存物资

库存物资销售时，按实现的销售收入：

借：现金、银行存款、应收款等

　　贷：经营收入

同时，按照销售物资的实际成本：

借：经营支出

　　贷：库存物资

村集体股份经济合作社的库存物资应定期盘点清查，发现物资盘盈时，经审核批准后：

借：库存物资

　　贷：其他收入

出现盘亏和毁损时，经审核批准后：

借：应收款、内部往来等（应由责任人或保险公司赔偿的金额）

　　其他支出（扣除过失人或保险公司应赔偿金额后的净损失）

　　贷：库存物资

（二）材料的核算

1. 外购材料的核算

村集体股份经济合作社外购材料，验收入库后，根据发票账单，确定材料生产成本，借记"库存物资——材料"，按支付的款项，贷记"银行存款"或"应付款""内部往来"等科目。

[例3-8]村集体股份经济合作社为直接组织生产，购进A材料一批，发票注明价款20000元，增值税款3400元，货款已用银行存款支付。会计分录为：

借：库存物资——A材料　23400

　　贷：银行存款——人民币（A银行）　23400

2. 自制材料的核算

自制并验收入库的材料，按生产过程中发生的实际成本，借记"库存物资"科目，贷记"生产成本"科目。

[例3-9]村集体股份经济合作社自制设备成本8000元，其中经测算材料

6000 元、人工 1000 元、制造费用 1000 元，会计分录为：

借：库存物资——B 材料 8000

  贷：生产成本 B 材料（直接材料） 6000

    B 材料（直接人工） 1000

    B 材料（制造费用） 1000

3. 投资者投入材料核算

投资者投入的材料，按投资各方确认的价值，借记"库存物资——材料"，贷记"资本"科目。

[例 3-10] 村集体股份经济合作社接受村民张军以 A 材料作为投资，双方协议作价 100000 元，会计分录为：

借：库存物资——A 材料 100000

  贷：资本——个人资本金（张军） 100000

4. 生产领用材料

村集体股份经济合作社在生产经营过程中领用材料，按实际成本，借记"生产成本""管理费用"，贷记"库存物资"科目。

[例 3-11] 村集体股份经济合作社在生产甲产品时领用 A 材料，成本 7000 元。会计分录为：

借：生产成本——甲产品（直接材料） 7000

  贷：库存物资——A 材料 7000

5. 直接出售材料

村集体股份经济合作社出售材料，按已收或应收价格，借记"银行存款""应收款"，按实现销售收入贷记"经营收入"科目。期末，按材料实际成本借记"经营支出"，贷记"库存物资"科目。按税法规定应依法纳税的，应通过"应交税费"。

[例 3-12] 村集体股份经济合作社出售 C 材料一批，成交价格 10000 元，已存入银行。成本 9000 元，会计分录为：

借：银行存款 10000

  贷：经营收入——材料销售收入 10000

若按税法规定应依法交纳 3% 的增值税（系增值税小规模纳税人）300 元。

借：银行存款 10300

  贷：经营收入——材料销售收入 10000

应交税费——应交增值税 300

如期末结转成本：

借：经营支出——材料销售成本 9000

　　贷：库存物资——C材料 9000

（三）农产品的核算

农产品是指生物资产的收获品，其可直接对外出售，可再加工。农产品的成本，如果为一年生农作物，则包括整个生产期间的各项实际支出，如种子、肥料、人工及相关费用，如果为多年生植物，如核桃，在投产期之前，各项实际支出则计入农业资产价值，投产之后，如明确收获农产品，相关费用则计入该期农产品的成本，否则，计入经营支出。

[例3-13] 集体股份经济合作社在一亩玉米种植过程中，共花费种子30元、肥料150元、农药60元、人工100元，收获玉米500公斤。会计分录为两步，投入时作分录：

借：劳务成本——玉米 340

　　贷：库存物资——种子 30

　　　　　　　　　　肥料 150

　　　　　　　　　　农药 60

　　　　应付工资——劳务人员工资（工资） 100

收获入库后：

借：库存物资——玉米 340

　　贷：劳务成本——玉米 340

[例3-14] 村集体股份经济合作社2009年栽种桃子10亩，实际领用桃树苗50000元、A物资20000元，应支付工资10000元，2019—2020年生产周期实际支出A物资10000元，工资5000元。2020年开始收获，预计可正常产果8年。

经济林木栽种前的各项开支，计入其资产的价值，会计分录为：

借：林木资产——经济林木（桃树） 80000

　　贷：库存物资——桃树苗 50000

　　　　　　　　　　A物资 20000

　　　　应付工资——劳务人员工资（工资） 10000

2019—2020年生产周期，各项开支计入劳务成本，会计分录为：

借：劳务成本——桃树（直接材料）　10000

　　桃树（直接人工）　5000

　　贷：库存物资——A 物资　10000

　　　　应付工资——劳务人员工资（工资）　5000

2020 年收获桃子 15000 公斤，（按 10 元 / 公斤）会计分录为：

借：库存物资——桃　150000

　　贷：劳务成本桃树（直接材料）　50000

　　　　劳务成本桃树（直接人工）　100000

2020 年 12 月末，摊销本年桃树价值 (假定摊销期满净残值率为 5%)，会计分录为：

借：经营支出——桃销售支出　9500

　　贷：林木资产——经济林木（桃树）　9500

销售农产品时，按已收或应收借记"银行存款""应收款"，货记"经营收入"科目，同时，按实际成本借记"经营支出"，贷记"库存物资"科目。

[例 3-15] 承 [例 3-14] 所收获的桃全部对外实现销售，销售价每公斤 15 元，货款已全部存入 A 银行。会计分录为：

借：银行存款——人民币（A 银行）　225000

　　贷：经营收入——桃销售收入　225000

期末，结转已销桃成本：

借：经营支出——桃销售支出　150000

　　贷：库存物资——桃　150000

（四）商品的核算

商品是指村集体股份经济合作社已完成全部生产过程并已验收入库，可以作为商品对外销售的产品，以及外购或委托加工完成验收入库用于销售的各种商品。

1. 从事商品流通的村集体股份经济合作社商品物资的核算

村集体股份经济合作社在商品到达验收入库后，按商品实际成本，借记"库存物资"，贷记"应付款""内部往来""银行存款""现金"等科目，发出商品后，结转成本，借记"经营支出"科目，货记"库存物资"科目。

[例 3-16] 村集体股份经济合作社到村民张三家收购山鸡一批，价格 4000 元，

价款尚未支付。会计分录为：

　　借：库存物资——山鸡　4000

　　　贷：内部往来——张三　4000

同月，这批山鸡实现对外销售，计7200元，款存入A银行。会计分录为：

　　借：银行存款——人民币（A银行）　7200

　　　贷：经营收入——山鸡销售收入　7200

结转已销山鸡的成本：

　　借：经营支出——山鸡销售支出　4000

　　　贷：库存物资——山鸡　4000

2. 加工型村集体股份经济合作社商品物资的核算

从事加工生产的村集体股份经济合作社，其商品物资主要指产成品。生产完成验收入库的产成品，按实际成本，借记"库存物资"科目，贷记"生产（劳务）成本"等科目。村集体股份经济合作社在销售产成品并结转成本时，借记"经营支出"，贷记"库存物资"科目。

[例3-17] 村集体股份经济合作社的生产车间将花生加工成烤果当月共加工10000箱，实际单位成本80元，共计800000元，其中经测算耗料720000元、直接人工40000元、制造费用40000元，会计分录为：

　　借：库存物资——花生烤果　800000

　　　贷：生产成本——花生烤果（直接材料）　720000

　　　　　　　　　　花生烤果（直接人工）　40000

　　　　　　　　　　花生烤果（制造费用）　40000

同月，上例实现对外销售，每箱售价103元，增值税率3%（系增值税小规模纳税人），货款存入银行，公计分录为：

　　借：银行存款——人民币（A银行）　1030000

　　　贷：经营收入——花生烤果销售收入　1000000

　　　　　应交税费——增值税　30000

月末，结转已销花生烤果的成本：

　　借：经营支出——花生烤果销售支出　800000

　　　贷：库存物资——花生烤果　800000

(五) 委托加工物资的核算

村集体股份经济合作社有委托加工业务的,可通过增设"委托加工物资"科目核算,该科目可按委托加工的物资设置明细科目,进行明细核算。发给外单位加工的物资时,按实际成本,借记"委托加工物资"科目,货记"库存物资"等科目。支付加工费用、应负担的运杂费等时,借记"委托加工物资"科目,贷记"银行存款"等科目;加工完成验收入库,按收回物资的实际成本,借记"库存物资"等科目,货记"委托加工物资"科目。

[例 3-18] 村集体股份经济合作社加工花生饮料,委托外单位进行灌装,发出半成品甲材料 50000 元,辅助材料乙 10000 元,应负担加工费用 5000 元、运输费用 1000 元以 A 银行存款支付。会计分录为:

借:委托加工物资——花生饮料　60000
　　贷:库存物资——甲材料　50000
　　　　　　　　　乙材料　10000
支付加工费用:
借:委托加工物资——花生饮料　5000
　　贷:银行存款——人民币（A 银行）　5000
支付运杂费:
借:委托加工物资——花生饮料　1000
　　贷:银行存款　1000
(4) 收回委托加工物资以备对外销售:
借:库存物资——花生饮料　66000
　　贷:委托加工物资——花生饮料　66000

(六) 委托代销商品的核算

村集体股份经济合作社有委托代销商品业务的,可通过增设"委托代销商品"科目核算,该科目可按委托代销的单位设置明细科目,进行明细核算。发给外单位销售的商品时,按委托代销商品的实际成本,借记"委托代销商品"科目,贷记"库存物资"等科目。收到代销单位报来的代销清单时,按应收金额,借记"应收款"科目,按应确认的收入,贷记"经营收入"科目,涉及增值税的应同时贷记"应交税费"科目;按应支付的手续费等,借记"经营支出"科目,贷记"应收款"科目;同时,按代销商品的实际成本,借记"经营支出"等科目,贷记"委托代销商品"科目，收到代销款时，借记"银行存款"等科目，贷记"应收款"科目。

[例3-19]村集体股份经济合作社委托茂源超市销售500箱鸡蛋。每箱鸡蛋成本为40元，零售价每箱60元。协议按销售收入的5%作为手续费，收到的销售款存入A银行。

发出500箱鸡蛋时，会计分录为：

借：委托代销商品——茂源超市 20000

 贷：库存物资——鸡蛋 20000

收到已销售500箱鸡蛋的清单时：

借：应收款——茂源超市 30000

 贷：经营收入——鸡蛋销售收入 30000

结转已销鸡蛋成本时：

借：经营支出——鸡蛋销售支出 20000

 贷：委托代销商品——茂源超市 20000

提取手续费用时：

借：经营支出——鸡蛋销售支出 1500

 贷：应收款——茂源超市 1500

实际收到销售款时：

借：银行存款——人民币（A银行） 28500

 贷：应收款——茂源超市 28500

（七）受托代销商品的核算

村集体股份经济合作社有受托代销商品业务的，可通过增设"受托代销商品"科目核算，该科目可按受托代销的单位和个人设置明细科目，进行明细核算。收到委托代销商品时，按合同或协议约定的价格，借记"受托代销商品"科目，贷记"内部往来""应付款"等科目。村集体股份经济合作社售出受托代销商品时，按实际收到的价款，借记"现金""银行存款""应收款"等科目，按合同或协议约定的价格，贷记"受托代销商品"科目，对应收的代销手续费或者实际收到的价款大于合同或协议约定的价格的按其差额，计入"经营收入"等科目。

[例3-20]村集体股份经济合作社接受本村村民张三委托代销核桃200公斤，协议每公斤13元，货物售出后结清。村集体股份经济合作社当月实现对外销售，

每公斤 15 元，货款已存入 A 银行。用现金结清往来。会计分录如下：

借：受托代销商品——张三　26000

　　贷：内部往来——张三　26000

售出核桃时：

借：银行存款——人民币（A 银行）　30000

　　贷：受托代销商品——张三　26000

　　　　经营收入——销售核桃收入　4000

结清与村民张三受托销售核桃款：

借：内部往来——张三　26000

　　贷：现金　26000

第四节　村集体股份经济合作社
农业资产的核算

一、农业资产核算与管理的基本要求及科目设置

村集体股份经济合作社农业资产包括牲畜（禽）资产和林木资产等，分别通过"牲畜（禽）资产"和"林木资产"科目核算。牲畜（禽）资产包括幼畜及育肥畜和产役畜，幼畜及育肥畜是指未成龄的猪、羊、鸡等小畜禽。产役畜是指供繁殖、剪毛、产奶及产蛋用的牲畜和家禽，如骡、马、牛、驴、骆驼、猪、羊、鸡、鸭等。

林木资产是指村集体股份经济合作社购入或营造的林木，包括经济林木和非经济林木。经济林木是指能够重复地生产出相应的产品，其成本是通过不断地生产出的产品出售而获得补偿的林木，如橡胶、果树、油桐、油茶、核桃、桑、茶等。非经济林木是指不能够重复地生产出相应的产品，只能通过砍伐后售出才能获得其成本补偿的林木。

农业资产按下列原则计价：购入的农业资产按照购买价及相关税费等计价，幼畜及育肥畜的饲养费用、经济林木投产前的培植费用、非经济林木郁闭前的

培植费用按实际成本计入相关资产成本。产役畜、经济林木投产后，应将其成本扣除预计残值后的部分在其正常生产周期内按直线法分期摊销，预计净残值率按照产役畜、经济林木成本的 5% 确定；已提足折耗但未处理仍继续使用的产役畜、经济林木不再摊销。农业资产死亡毁损时，按规定程序批准后，按账面价值扣除应由责任人或者保险公司赔偿的金额后的差额，计入其他收支。

二、林木资产的核算

"林木资产"科目核算村集体股份经济合作社购入或营造的林木的成本。本科目设置"经济林"和"非经济林木"两个二级科目，并按林木的种类设置三级明细科目，进行明细核算；期末借方余额，反映村集体股份经济合作社购入或营造林木的账面余额。有关"林木资产"科目应用会计分录如下：

村集体股份经济合作社购入经济林木时，按购买价及相关税费：

借：林木资产——经济林木

　　贷：现金、银行存款等

经济林木投产后发生的管护费用：

借：经营支出

　　贷：应付工资、库存物资

经济林木投产后，其成本扣除预计残值后的部分应在其正常生产周期内，按照直线法摊销：年计提折耗 = 成本 (1%—5%)/ 预计使用年限。

借：经营支出

　　贷：林木资产——经济林木

村集体股份经济合作社购入非经济林木时，按购买价及相关税费：

借：林木资产——非经济林木

　　贷：现金、银行存款等

购入或营造的非经济林木在郁闭前发生的培植费用：

借：林木资产——非经济林木

　　贷：应付工资、库存物资等

非经济林木郁闭后发生的管护费用：

借：其他支出

贷：应付工资、库存物资等

按规定程序批准后，林木采伐出售时，按照实现的销售收入：

借：现金、银行存款

贷：经营收入

同时，按照出售林木的实际成本：

借：经营支出

贷：林木资产（非经济林木）

林木长期投资时，按照合同、协议确定的价值：

借：长期投资

借（贷）：公积公益金（合同或协议确定的价值与林木资产账面价值之间的差额）

贷：林木资产（非经济林木）

林木死亡毁损时，按规定程序批准后：

借：应收款、内部往来等

其他支出（扣除过失人和保险公司应赔偿金额后的净损失额）

贷：林木资产（林木资产的账面价值）

三、牲畜（禽）资产的核算

牲畜（禽）资产是指村集体股份经济合作社农业资产中的动物资产。主要有幼畜及育肥畜、产畜及役畜等（包括特种水产）。为全面反映和监督村集体股份经济合作社牲畜（禽）资产的情况，村集体股份经济合作社应设置"牲畜（禽）资产"账户进行核算。该账户的借方登记因自产、购买、接受投资、接受捐赠等原因而增加的牲畜（禽）资产的成本，以及幼畜及育肥畜的饲养费用；贷方登记因出售、长期投资、死亡毁损等原因而减产的牲畜（禽）资产的成本，以及产役畜的成本摊销；期末余额在借方，反映村集体股份经济合作社幼畜及育肥畜和产役畜的账面余额。本账户应设置"幼畜及育肥畜""产役畜"两个二级账户，并按牲畜（禽）的种类设置三级明细账户，进行明细核算。

（一）牲畜（禽）资产的一般会计处理

村集体股份经济合作社"牲畜（禽）资产"的常见业务处理如下。

1. 幼畜及育肥畜

幼畜及育肥畜指未成龄的猪、羊、鸡等小畜禽。

（1）购入幼畜及育肥畜时，按购买价及相关税费：

借：牲畜（禽）资产幼畜及育肥畜

　贷：现金、银行存款等

（2）发生的饲养费用：

借：牲畜（禽）资产——幼畜及育肥畜

　贷：应付工资、库存物资等

（3）幼畜成龄转作产役畜时，按实际成本：

借：牲畜（禽）资产——产役畜

　贷：牲畜（禽）资产——幼畜及育肥畜

2. 产畜和役畜

产畜指供繁殖、剪毛、产奶及产蛋用的牲畜和家禽，如骡、马、牛、驴、骆驼、猪、羊、鸡、鸭等；役畜指供劳役用的牲畜，如马、牛、驴、骡、骆驼等。

（1）发生产役畜的饲养费用：

借：经营支出

　贷：应付工资、库存物资等

（2）产役畜的成本扣除预计残值后的部分应在其正常生产周期内，按照直线法分期摊销：年计提折耗 = 成本 (1%—5%)/ 预计使用年限：

借：经营支出

　贷：牲畜（禽）资产役畜

（3）幼畜及育肥畜和产役畜对外销售时，按照实现的销售收入：

借：现金、银行存款等

　贷：经营收入

（4）以幼畜及育肥畜和产役畜长期投资时：

借：长期投资等（合同、协议确定的价值）

　贷：牲畜（禽）资产

（5）牲畜死亡毁损时，按规定程序批准后：

借：应收款、内部往来等（过失人及保险公司应赔偿的金额）

其他支出（扣除过失人和保险公司应赔偿金额后的净损失）

　　贷：牲畜（禽）资产（牲畜资产的账面价值）

　　　　其他收入（过失人及保险公司应赔偿金额超过牲畜资产账面价值的金额）

（二）牲畜（禽）资产增加的核算

1. 购入的牲畜（禽）资产

[例3-21] 村集体股份经济合作社2019年赊购××公司幼牛5头，每头幼牛600元。会计分录为：

　　借：牲畜（禽）资产幼畜及育肥畜（牛）　3000

　　　　贷：应付款——××公司　3000

2. 投资者投入的牲畜（禽）资产

[例3-22] 村集体股份经济合作社2019年2月接受××集团公司投资投入的奶牛10头，双方协议确定，每头牛定价为6000元，预计仍可产奶8年。会计分录为：

　　借：牲畜（禽）资产——产役畜（奶牛）　60000

　　　　贷：资本——法人资本金（××集团公司）

　　　　　　接受捐赠的牲畜（禽）资产

[例3-23] 村集体股份经济合作社2019年3月收到××公司捐赠已经产毛的绵羊10只，所附发票列明价格为5000元，预计仍可产毛5年。会计分录为：

　　　　借：牲畜（禽）资产——产役畜（羊）　5000

　　　　　　贷：公积公益金——接受捐赠资产××公司　5000

3. 自产的牲畜（禽）资产设备

[例3-24] 村集体股份经济合作社饲养母猪2019年3月产仔10头。其整个生产期间饲养工资200元，A饲料费用600元。新生产小猪防疫等费用500元，以现金支付。会计分录为：

　　　　借：经营支出——牲畜（禽）饲养支出　800

　　　　　　贷：库存物资——A饲料　600

　　　　　　　　应付工资——牲畜管理人员工资（工资）　200

　　　　借：牲畜（禽）资产——幼畜及育肥畜（猪）　500

　　　　　　贷：现金——人民币　500

（三）牲畜（禽）资产饲养费用的核算

《村集体集体经济组织会计制度》规定，牲畜（禽）资产的饲养费用要区分以下两种处理方法：一是幼畜及育肥畜的饲养费用资本化，增加牲畜（禽）资产价值；二是产役畜的饲养费用作为当期费用，记入经营支出。

1. 幼畜及育肥畜的饲养费用

[例3-25] 村集体股份经济合作社2019年5月饲养幼牛费用如下：应付养牛人员张三工资2400元，喂牛用A饲料3600元。会计分录为：

借：牲畜（禽）资产幼畜及育肥畜（牛）　6000
　　贷：应付工资——牲畜管理人员工资（工资）　2400
　　　　库存物资——A饲料　3600

2. 产役畜的饲养费用

[例13-26] 村集体股份经济合作社2019年6月发生奶牛饲养人员工资2000元，A饲料5000元，其他费用1000元，其他费用以现金支付。会计分录为：

借：经营支出——牲畜（禽）饲养支出　8000
　　贷：应付工资——牲畜管理人员工资（工资）　2000
　　　　库存物资——A饲料　5000
　　　　现金——人民币　1000

（四）牲畜（禽）资产转换的核算

现行制度规定，幼畜成龄前，确定为牲畜（禽）资产中的幼畜及育肥畜；幼畜成龄后，要转为牲畜（禽）资产中的产役畜，通过"牲畜（禽）资产"账户进行明细核算。

[例3-27] 2019年6月30日，村集体股份经济合作社10头幼牛已成龄，转为役畜，预计可使用10年，幼牛买价6000元，饲养费用6000元。会计分录为：

幼牛的成本 =6000+6000=12000（元）

借：牲畜（禽）资产——产役畜（牛）　12000
　　贷：牲畜（禽）资产——幼畜及育肥畜（牛）　12000

幼畜转为产役畜后发生的饲养费用，不再资本化，计入当期费用。

（五）产役畜成本摊销的核算

本村集体股份经济合作社产役畜的成本扣除预计残值后的部分，应在其正常生产周期内按直线法摊销，预计净残值率按照产役畜成本的5%确定。

[例3-28] 2019年6月，村集体股份经济合作社开始摊销成龄奶牛的成本，

此时奶牛成本 12000 元，预计可使用 8 年。

奶牛成本的月摊销额计算：每年应摊销的金额 =12000×（1-5%）/8=1425（元），每月应摊销的金额 =1425/12=118.75（元）

当月份应摊销奶牛成本：

借：经营支出——牲畜（禽）饲养支出　118.75

　　贷：牲畜（禽）资产——产役畜（奶牛）　118.75

（六）牲畜（禽）资产出售的核算

[例 3-29] 2019 年 7 月村集体股份经济合作社将育成的 50 头仔猪出售给肉品厂，每头售价 500 元，货款暂欠，该批仔猪购买成本 10000 元，饲养费用 12000 元。

借：应收款——肉品厂　25000

　　贷：经营收入——销售仔猪收入　25000

育肥畜 (猪) 的成本 =10000+12000=22000（元）

借：经营支出——销售仔猪支出　22000

　　贷：牲畜（禽）资产——幼畜及育肥畜（猪）　22000

（七）牲畜（禽）资产死亡毁损的核算

[例 3-30] 村集体股份经济合作社因饲养人员张三疏忽，致使一头母猪死亡，母猪账面价值为 1500 元，按规定县人保公司赔偿 700 元，经批准，由饲养人员赔偿 400 元，其他列支出，收到的人保公司赔偿款存入 A 银行。会计分录为：

借：应收款——县人保公司　700

　　内部往来——张三　400

　　其他支出——其他支出　400

　　贷：牲畜资产——产役畜（猪）　1500

收到县人保公司赔付款项时：

借：银行存款——人民币（A 银行）　700

　　贷：应收款——县人保公司　700

第五节　村集体股份经济合作社对外投资的核算

一、对外投资核算与管理的基本要求

村集体股份经济合作社对外投资是指村集体股份经济合作社根据国家法律、法规规定，可以采用货币资金、实物资产或者购买股票、债券等有价证券方式向其他单位投资，包括短期投资。短期投资指能够随时变现并且持有时间不准备超过一年（含一年）变现的有价证券等投资。

村集体股份经济合作社的对外投资按照下列原则计价：以现金、银行存款等货币资金方式向其他单位投资的按照实际支付的价款计价。以实物资产（含牲畜和林木）方式向其他单位投资的按照评估确认或者合同、协议确定的价值计价。

村集体股份经济合作社以实物资产方式对外投资，其评估确认或合同、协议确定的价值必须真实、合理，不得高估或低估资产价值。实物资产重估确认价值与其账面净值之间的差额，计入公积公益金。

村集体股份经济合作社对外投资分得的现金股利或利润、利息等计入投资收益。出售、转让和收回对外投资时，按实际收到的价款与其账面价值的差额，计入投资收益。

村集体股份经济合作社应当建立健全对外投资业务内部控制制度，明确审批人和经办人的权限、程序、责任和相关控制措施。对于审批人超越授权审批的对外投资业务，经办人有权拒绝办理，并及时向民主理财小组或上级主管部门反映。对外投资业务（包括对外投资决策、评估及其收回、转让与核销），应当实行集体决策，严禁任何个人擅自决定对外投资或者改变集体决策意见。应当建立对外投资责任追究制度，对在对外投资中出现重大决策失误、未履行集体审批程序和不按规定执行对外投资业务的人员，应当追究相应的责任。应当对对外投资业务各环节设置相应的记录或凭证，加强对审批文件、投资合同或协议、投资方案书、对外投资有关权益证书、对外投资处置决议等文件资料的管理，明确各种文件资料的取得、归档、保管、调阅等各个环节的管理规定及相关人员的职责权限。应当加强投资收益的控制，对外投资获取的利息、股利以及其他收益，均应纳入会计核算，严禁设置账外账。应当定期或不定期对对外投资业务内部控制进行监督检查，对发现的薄弱环节，应当及时采取措施，加以纠正和完善。

村集体股份经济合作社要建立有价证券管理制度，加强对各种有价证券的管理。要建立有价证券登记簿，详细记载各种有价证券的名称、券别、购买日期、号码、数量和金额。有价证券要由专人管理。

短期投资指能够随时变现并且持有时间不准备超过一年（含一年）的有价证券等投资，通过"短期投资"科目核算。"短期投资"科目核算村集体股份经济合作社购入的各种能随时变现并且持有时间不准备超过一年（含一年）的股票、债券等有价证券等投资。本科目应按短期投资的种类设置明细科目，如按股票投资、债券投资设置二级明细科目，股票投资、债券投资还可以分别按照股票、债券名称设置三级明细科目进行明细核算。本科目的期末借方余额，反映村集体股份经济合作社实际持有的对外短期投资的成本。

购入各种有价证券等进行短期投资时，按照实际的价款支付：

借：短期投资

　　贷：现金、银行存款等

出售或到期收回有价证券等短期投资时，实际收回的价款大于原账面价值：

借：现金、银行存款等（实际收回的价款）

　　贷：短期投资（账面价值）

　　　　投资收益（实际收回价款与账面价值的差额）

出售或到期收回有价证券等短期投资时，实际收回的价款小于原账面价值：

借：现金、银行存款等（实际收回的价款）

　　投资收益（实际收回价款与账面价值的差额）

　　贷：短期投资（账面价值）

[例3-31] 村集体股份经济合作社于5月15日以A银行存款购入B公司股票25000股，作为短期投资，每股买价8.70元，其中，含有已宣告尚未支付的

现金股利每股 0.2 元，股价登记日为 5 月 20 日。另，支付相关税费 1100 元，6月 10 日收到 A 公司发放的现金股利。会计分录为：

借：短期投资——股票投资（B 股票） 213600

应收款——B 公司 5000

贷：银行存款——人民币（A 银行） 218600

借：银行存款——人民币（A 银行） 5000

贷：应收款 B 公司 5000

[例 3-32] 村集体股份经济合作社以 A 银行存款从证券市场购买 C 公司股票 10000 股，每股成交价格为 9 元，另，支付相关税费 400 元。会计分录为：

借：短期投资——股票投资（G 股票） 90400

贷：银行存款——人民币（A 银行） 90400

[例 3-33] 村集体股份经济合作社于上月 15 日，以 A 银行存款从证券市场以 108000 元的价格购入 D 企业上年 1 月 15 日发行的三年期债券，其利息按年支付，年利率为 5%，该债券的票面价值为 100000 元，另，支付相关税费 400 元。购入此债券不准备长期持有。会计分录为：

借：短期投资——馈券投资（D 债券） 100400

应收款——D 企业利息 5000

贷：银行存款——人民币（A 银行） 105400

收到利息时：

借：银行存款——人民币（A 银行） 5000

贷：应收款——D 企业 5000

[例 3-34] 村集体股份经济合作社于 7 月 8 日，以银行存款从证券市场购入上年 7 月 1 日发行的三年期、到期一次还本付息的国库券 50000 元，支付相关费用 100 元。不准备长期持有。会计分录为：

借：短期投资——债券投资（国库券） 50100

贷：银行存款——人民币（A 银行） 50100

[例 3-35] 村集体股份经济合作社将三个月前购入的账面价值为 30000 二级债券售出，收到价款 31000 元存入 A 银行，会计分录为：

借：银行存款——人民币（A 银行） 31000

贷：短期投资——债券投资（D 债券） 30000

　　　投资收益——债券投资　收益（债券）　1000

若上例售出该债券收到的价款为 29000 元：

借：银行存款——人民币（A 银行）　29000

　　投资收益——债券投资收益（D 债券）　1000

　　贷：短期投资——债券投资（D 债券）　30000

二、长期投资核算

长期投资指不准备在一年内 (不含一年) 变现的有价证券等投资，通过"长期投资"科目核算。"长期投资"科目核算村集体股份经济合作社不准备在一年内 (不含一年) 变现的投资，包括股票投资、债券投资和村集体股份经济合作社举办企业等投资。本科目应按长期投资的种类设置明细科目，如按股票投资、债券投资、其他投资等，进行明细核算。期末借方余额，反映村集体股份经济合作社对外长期投资的实际成本。

村集体股份经济合作社以现金或实物资产 (含牲畜和林木) 等方式进行长期投资时，按照实际支付的价款或合同、协议确定的价值：

借：长期投资

借（贷）：公积公益金（合同或协议约定的实物资产价值与原账面价值之间的差额，借记或贷记）

　　贷：现金、银行存款等

收回投资时，按实际收回的价款或价值：

借：现金、银行存款等

借 (贷)：投资收益 (实际收回价款或价值与原账面价值的差额)

　　贷：长期投资 (账面价值)

被投资单位宣告分配现金股利或利润时：

借：应收款——其他投资返利

　　贷：投资收益

实际收到现金股利或利润时：

借：现金、银行存款等

　　贷：应收款

投资发生损失时，按规定程序批准后，按照应由责任人和保险公司赔偿的金额：

借：应收款、内部往来等

　　投资收益（扣除由责任人和保险公司赔偿金额后的净损失）

　　贷：长期投资（投资的账面金额）

[例 3-36] 村集体股份经济合作社于 1 月 1 日以 A 银行存款购入 B 公司发行的两年期到期还本付息的债券面值 50000 元，票面利率 5%，支付相关税费 200 元。会计分录为：

购入时：

借：长期投资——债券投资——B 债券（面值）　50000

　　投资收益——债券投资收益（B 债券）　200

　　贷：银行存款——人民币（A 银行）　50200

每次计息时：

借：长期投资——债券投资——B 债券（应计利息）　2500

　　贷：投资收益——债券投资收益（B 债券）　2500

收回本息时：

借：银行存款——人民币（A 银行）　55000

　　贷：长期投资——债券投资——B 债券（面值）　50000

　　　　长期投资——债券投资——B 债券（应计利息）　5000

[例 3-37] 村集体股份经济合作社于 1 月 1 日以 A 银行存款购入 C 公司发行的面值为 60000 元，价格为 60200 元，期限为 2 年，票面利率 6%，每年计息一次，到期还本付息的债券，支付相关税费 180 元。会计分录为：

购入时：

借：长期投资——债券投资——C 债券（面值）　60000

　　　　　　　　——C 债券（溢价）　200

　　投资收益——债券投资收益（C 债券）　180

　　贷：银行存款——人民币（A 银行）　60380

每次计息时：

借：长期投资——债券投资——C 债券（应计利息）　3600

　　贷：投资收益——债券投资收益（C 债券）　3500

　　　　长期投资——债券投资——C 债券（溢价）　100

收回本息时：

借：银行存款——人民币（A 银行）　67200

　　贷：长期投资——债券投资——C 债券（面值）　60000

　　　　——C 债券（应计利息）　7200

若上例债券价格为 59800 元。

购入时：

借：长期投资——债券投资——C 债券（面值）　60000

　　投资收益——债券投资收益（C 债券）　180

　　贷：银行存款——人民币（A 银行）　59980

　　　　长期投资——债券投资——债券（折价）　200

每次计息时：

借：长期投资——债券投资——C 债券（应计利息）　3600

　　贷：投资收益——债券投资收益（C 债券）　3600

收回本息：

借：银行存款——人民币（A 银行）　67200

　　贷：长期投资——债券投资——C 债券（面值）　60000

　　　　长期投资——债券投资——C 债券（应计利息）　7200

[例 3-38] 村集体股份经济合作社出售面值 20000 元、期限为 3 年、票面利率为 6% 的到期一次还本付息 D 债券，该债券已持 2 年，转让价格为 22000，支付手续费 100 元，交易款项存入 A 银行。会计分录为：

借：银行存款——人民币（A 银行）　21900

　　贷：长期投资——债券投资——D 债券（面值）　20000

　　　　——D 债券（应计利息）　1200

　　　　投资收益——债券投资收益（D 债券）　700

[例 3-39] 村集体股份经济合作社于 1 月 2 日购买 E 公司发行的股票 200000 股，准备长期持有，从而拥有 E 公司 15% 的股份，该股票每股的发行价为 3 元，购买时发生相关税费 1200 元，款项已通过 A 银行存款支付。会计分录为：

借：长期投资——股票投资（E 股票）　601200

　　贷：银行存款——人民币（A 银行）　601200

[例3-40] 村集体股份经济合作社4月2日以A银行存款购入G公司股票50000股，每股价格12.12元，支付相关税费3200元，所购股份占G公司资本的3%，并准备长期持有，G公司于当年5月2日宣告分派上年度的现金股利，每股0.20元。会计分录为：

购入时：

借：长期投资——股票投资（G股票）　609200

　　贷：银行存款——人民币（A银行）　609200

G公司宣告分派上年度的现金股利时：

借：应收款——G公司10000（50000×0.20）

　　贷：长期投资——股票投资（G股票）　10000

第六节　村集体股份经济合作社固定资产的核算

一、固定资产核算与管理的基本要求

固定资产是指村集体股份经济合作社的房屋、建筑物、机器、设备、工具、器具和农业基本建设设施等劳动资料，使用年限在一年以上，单位价值在500元以上的资产。有些主要生产工具和设备，单位价值虽低于规定标准，但使用年限在一年以上的，也可列为固定资产。

固定资产的入账价值：购入的固定资产，不需要安装的，应按实际支付的买价加采购费、包装费、运杂费、保险费和交纳的有关税金等计价；需要安装或改装的，还应加上安装费或改装费。新建的房屋及建筑物、农业基本建设设施等固定资产，不应按竣工验收的决算价计价。接受捐赠的固定资产，应按发票所列金额加上实际发生的运输费、保险费、安装调试费和应支付的相关税金等计价；无所附凭据的，按同类设备的市价加上应支付的相关税费计价。在原有固定资产基础上进行改造、扩建的，应按原有固定资产的价值，加上改造、扩建工程而增加的支出，减去改造、扩建工程中发生的变价收入计价。投资者投入的固定资产，应按照投资各方确认的价值计价。盘盈的固定资产，应按同类设备的市价计价。只可核算村集体股份经济合作社的在建工程指尚未完工、或虽已完工但尚未办理竣工决算的工程项目。在建工程按实际消耗的支出或支付的工程价款计价。形成固定资产的在建工程完工交付使用后，计入固定资产。不形成固定资产的在建工程项目完成后，计入经营支出或其他支出。在建工程部分发生报废或者毁损，按规定程序批准后，按照扣除残料价值和过失人及保险公司赔款后的净损失，计入工程成本。单项工程报废以及由于自然灾害等非常原因造成的报废或者毁损，其净损失计入其他支出。

二、固定资产增加的核算

（一）购入的固定资产

购入不需要安装的固定资产，按实际支付的买价加采购费、包装费、运杂费、保险费和交纳的有关税金等，借记"固定资产"科目，贷记"银行存款""应付款"等科目；购入需要安装的固定资产，应先通过"在建工程"科目核算其实际购置和安装成本，待安装完毕交付使用时再转入"固定资产"科目。

[例3-41]村集体股份经济合作社购入需要安装的A设备10台，以A银行存款支付价款60000元(含税)，以现金支付运输费用1000元、安装费用4000元。

支付设备价款、运输费用、安装费用合计65000元：

借：在建工程——A设备安装工程（设备费用） 61000

        ——（人工费用） 4000

  贷：银行存款——人民币（A银行） 60000

    现金 5000

(2)安装完工、验收合格交付使用后，按实际成本转账：

借：固定资产——机器设备（A设备） 65000

  贷：在建工程——A设备安装工程（设备费用） 61000

        ——人工费用 4000

（二）自行建造的固定资产

村集体股份经济合作社自营工程主要通过"在建工程"科目进行核算，"在建工程"科目主要核算村集体股份经济合作社为工程所发生的实际支出，以及改扩建工程等转入的固定资产净值。

[例 3-42] 村集体股份经济合作社新建猪棚 10 处，购入建筑 A 材料一批，支付价款共计 600000 元，全部用 A 银行存款支付，建设过程中领用建筑 A 材料 500000 元，为猪棚建设应付甲单位劳务费用 50000 元，款尚未支付，另以 A 银行存款支付工程水电费 7000 元。工程完工，验收并交付使用。相关会计处理如下：

购入工程用建筑材料时：

借：库存物资——A 材料 600000

贷：银行存款——人民币（A 银行） 600000

工程开工，领用 A 建筑材料时：

借：在建工程——猪棚工程（材料费用） 500000

贷：库存物资——A 材料 500000

应付建设工程劳务费用：

借：在建工程——猪棚工程（人工费用） 50000

贷：应付款——甲单位 50000

支付工程水电费时：

借：在建工程——猪棚工程（其他费用） 7000

贷：银行存款——人民币（A 银行） 7000

猪棚工程完工，验收合格后交付使用时：

借：固定资产——房屋建筑物（猪棚） 557000

贷：在建工程——猪棚工程（材料费用） 500000

——猪棚工程（人工费用） 50000

——猪棚工程（其他费用） 7000

（三）改建扩建的固定资产

村集体股份经济合作社由于生产经营的需要，有时需对原有固定资产进行改建或扩建。对于改建扩建的固定资产价值的确认，按原有固定资产的账面价值，加上由于改建扩建而增加的支出，减去改建扩建过程中发生的变价收入后的余额作为改建扩建固定资产的原值。在原有固定资产的基础上进行改建扩建，不增加固定资产数量，只增加其价值。村集体股份经济合作社进行固定资产的改建扩建，可以自营，也可以采取发包方式进行。

[例 3-43] 村集体股份经济合作社为了扩大生产规模，决定对原有猪棚进行

扩建，该猪棚的原值为 700000 元，已提折旧 200000 元，以银行存款支付拆除费用 50000 元，收回材料变价收入 10000 元存入 A 银行。该猪棚扩建承包给甲建筑公司,合同规定一次性支付其扩建材料、人工及管理费等价款共计 500000 元。

将原猪棚转入扩建：

借：在建工程——猪棚工程（其他费用）　500000

　　累计折旧——房屋建筑物（猪棚）　200000

　　贷：固定资产——房屋建筑物（猪棚）　700000

支付拆除费用时：

借：在建工程——猪棚工程（其他费用）　50000

　　贷：银行存款——人民币（A 银行）　50000

收到拆除材料的变价收入时：

借：银行存款——人民币（A 银行）　10000

　　贷：在建工程——猪棚工程（其他费用）　10000

以银行存款支付承包单位承包费用时：

借：在建工程——猪棚工程（其他费用）　500000

　　贷：银行存款——人民币（A 银行）　500000

扩建工程完工验收合格，猪棚交付使用时：

借：固定资产,——房屋建筑物（猪棚）　540000

　　贷：在建工程——猪棚工程（其他费用）　540000

（四）投资者投入的固定资产

投资者作为资本投入的固定资产，按照投资各方确认的价值，借记"固定资产"科目，按照经过批准的投资者以村集体股份经济合作社注册资本份额计算的资本金额，贷记"资本"科目，按照两者之间的差额，借记或贷记"公积公益金"科目。

[例 3-44] 村集体股份经济合作社收到村民张三投入全新的设备一台，确认价格为 10000 元，经过村民大会批准，张三以村集体股份经济合作社注册资本份额计算的资本金额 8000 元：

借：固定资产——机器设备（B 设备）　10000

　　贷：资本——个人资本金（张三）　8000

　　　公积公益金-——其他　2000

（五）接受捐赠的固定资产

村集体股份经济合作社接受捐赠的固定资产，按照所附发票所列金额加上应支付的相关税费，借记"固定资产"科目，贷记"公积公益金"科目。如果捐赠方未提供有关凭据，则按其中价或同类、类似固定资产的市场价格估计的金额，加上由村集体负担的运输费、保险费、安装调试费等作为固定资产成本，借记"固定资产"科目，贷记"公积公益金"科目。

[例 3-45] 村集体股份经济合作社接受某单位捐赠已使用过的设备 1 台，原价 4000 元，目前，市场同类产品估价 3500 元，村集体股份经济合作社负担运费 100 元。

计算村集体股份经济合作社接受捐赠 A 设备成本，以市场同类 A 设备估价加上由村集体股份经济合作社负担的各项费用合计 :3500+100=3600(元)。

借 : 固定资产——机器设备（A 设备）　3600

　　贷 : 公积公益金——接受捐赠资产　3500

　　　　银行存款——人民币　100

（六）国家财政直接补助资金形成固定资产

村集体股份经济合作社用其接受的国家财政直接补助资金，建造固定资产。在接受财政补助资金时，借记"银行存款"科目，贷记"公积公益金"科目；固定资产建造过程中发生的支出通过"在建工程"科目核算，待固定资产建造完成，交付使用时，将"在建工程"转入"固定资产"科目。

[例 3-46] 村集体股份经济合作社接受国家补助资金项目 100000 元，项目规定该项资金全部用于建造猪棚，村集体股份经济合作社购买建猪棚用建筑 A 材料 50000 元，A 设备 80000 元，建设猪棚过程中，领用建筑 A 材料金额总计 50000 元，用 A 银行存款支付建筑工人劳务费 20000 元，猪棚建设后期，领用 A 设备进行安装，并支付安装费用 5000 元，全部工程支付水电费 5000 元，猪棚建设完毕验收合格，投入使用。

会计分录为 :

收到国家补助资金时 :

借 : 银行存款——人民币（A 银行）　100000

　　贷 : 公积公益金——其他　100000

购买建筑材料时 :

借：库存物资——A 材料　50000

　　贷：银行存款——人民币（A 银行）　50000

购买 A 设备时：

借：库存物资——A 设备　80000

　　贷：银行存款——人民币（A 银行）　80000

建设猪棚，领用建筑材料时：

借：在建工程——猪棚工程（材料费用）　50000

　　贷：库存物资——A 材料　50000

支付工人劳务费时：

借：在建工程——猪棚工程（人工费用）　20000

　　贷：银行存款——人民币（A 银行）　20000

领用并安装 A 设备时：

借：在建工程——猪棚工程（设备费用）　85000

　　贷：库存物资——A 设备　80000

　　　　银行存款——人民币（A 银行）　5000

支付工程水电费时：

借：在建工程——猪棚工程（其他费用）　5000

　　贷：银行存款——人民币（A 银行）　5000

工程完工，交付使用时：

借：固定资产房屋建筑物（猪棚）　75000

　　机器设备（A 设备）　85000

　　贷：在建工程——猪棚工程（材料费用）　50000

　　　　　　——猪棚工程（人工费用）　20000

　　　　　　——猪棚工程（设备费用）　85000

　　　　　　——猪棚工程（其他费用）　5000

三、固定资产折旧的核算

固定资产折旧是指固定资产价值的磨损，折旧额就是固定资产价值的磨损数额。计提固定资产折旧额就是在固定资产使用寿命期内，按照规定的方法计算出折旧额，并对应计提折旧额进行系统分摊。村集体股份经济合作社必须建立固定资产折旧制度，按年或按季、按月计提固定资产折旧。一般来说，经济业务少的，可按季度提取折旧；经济业务较多的，应按月提取折旧。

（一）固定资产折旧的范围

房屋和建筑物(不论是否使用)；在用的机械、机器设备、运输车辆、工具器具；季节性停用和大修理停用的固定资产，其中，季节性使用的固定资产，要在使用期内提足全年折旧；融资租入和以经营租赁方式租出的固定资产。

（二）不计提折旧的固定资产的范图

房屋和建筑物以外的未使用、不需用的固定资产；以经营租赁方式租入和以融资租赁方式租出的固定资产；已提足折旧仍继续使用的固定资产；国家规定不提折旧的其他固定资产。

（三）固定资产折旧的计算方法

固定资产的折旧方法可在"平均年限法""工作量法"等方法中任选一种。折旧方法一经选定，不得随意变动。提取折旧时，也可以采用分类折旧率或综合折旧率计提。

（四）固定资产折旧的账务处理

村集体股份经济合作社的固定资产，不论采用哪种折旧方法、按哪种折旧率计提折旧，到月末或季末、年末，都应该按其用途和使用地点，计入有关的支出项目，以便使固定资产损耗价值得到及时补偿。村集体股份经济合作社生产经营用固定资产计提的折旧，记入"生产（劳务）成本"科目；管理用固定资产计提的折旧，记入"管理费用"科目；公益性用途等固定资产计提的折旧，记入"其他支出"科目。借记"生产成本""管理费用""其他支出"科目，贷记"累计折旧"科目。

[例 3-47] 村集体股份经济合作社本季度应计提固定资产折旧额 30000，其中，生产经营用固定资产(房屋建筑物20000元、机器设备5000元)折旧25000元，管理用固定资产（房屋建筑物 2000 元办公设备 1000 元）折旧 3000 元，公益性固定资产（房屋建筑物1000元、办公设备1000元）折旧2000元。

会计分录为：

借：生产成本——产品（制造费用）　25000

　　管理费用——折旧费　3000

　　　　其他支出——折旧费　2000
　　　　贷：累计折旧——房屋建筑物　23000
　　　　　　　　　　——日常管理用机器设备　5000
　　　　　　　　　　——公益设施办公设备　2000

四、固定资产减少的核算

　　固定资产减少是指村集体股份经济合作社因销售、报废、毁损、盘亏、投出、捐出固定资产等，而需注销账面价值，保持账实相符的情况。村集体股份经济合作社在生产经营过程中，对不适用或不需用的固定资产，通过对外出售的方式进行处置；对由于使用而不断磨损直到最终报废，或由于技术进步等原因发生提前报废，或由于遭受自然灾害等非正常损失发生毁损的固定资产及时进行清理，都会造成固定资产的减少。另外，村集体股份经济合作社以固定资产长期投资、发生固定资产盘亏等也会造成固定资产的减少。村集体股份经济合作社对各种情况下的固定资产减少都要及时进行核算，加强管理，确保固定资产账实相符。

　　"固定资产清理"科目核算村集体股份经济合作社因出售、报废和毁损等原因转入清理的固定资产净值及其在清理过程中所发生的清理费用和清理收入。本科目应按被清理的固定资产设置明细科目，进行明细核算。如，按房屋建筑物、机器设备、运输工具器具、办公设备、其他设备，设置二级明细科目，再按固定资产名称分别设置三级明细科目进行明细核算。其明细科目的设置与固定资产相同，期末余额，反映村集体股份经济合作社转入清理但尚未清理完毕的固定资产净值，以及固定资产清理过程中所发生的清理费用和变价收入等各项金额的差额。

　　出售、报废和毁损的固定资产转入清理时，按固定资产账面净值，借记"固定资产清理"科目，按已提折旧借记"累计折旧"科目，按固定资产账面原值，贷记"固定资产"科目；按照发生的清理费用，借记"固定资产清理"科目，贷记"现金""银行存款"等科目；按照出售固定资产的价款和残值收入，借记"现金""银行存款"等科目，贷记"固定资产清理"科目；清理完毕后发生的净收益，借记"固定资产清理"科目，贷记"其他收入"科目；清理完毕后发生的净损失，借记"其他支出"科目，贷记"固定资产清理"科目。

（一）出售、报废和毁损固定资产的核算

[例 3-48] 村集体股份经济合作社将一台不需用的 A 载货汽车对外出售。其账面原值为 60000 元，累计已折旧 24000 元，协议价 40000 元，收到价款存入 A 银行，另，以现金支付载货汽车运杂费用 5000 元。会计分录为：

载货汽车转入清理，注销原价及计提折旧时：

借：固定资产清理——运输设备（A 载货汽车）　36000
　　累计折旧——运输设备（A 载货汽车）　24000
　　贷：固定资产——运输设备（A 载货汽车）　60000

发生清理费用时：

借：固定资产清理——运输设备（A 载货汽车）　5000
　　贷：现金　5000

出售汽车收入时：

借：银行存款——人民币（A 银行）　40000
　　贷：固定资产清理——运输设备（A 载货汽车）　40000

结转载货汽车清理净收益时：

借：固定资产清理——运输设备（A 载货汽车）　35000
　　贷：其他收入——固定资产变价净收入　35000

（二）投资或捐赠转出固定资产的核算

长期投资转出固定资产时，应按评估确认或合同、协议约定的价值借记"长期投资"科目，按已提折旧数额借记"累计折旧"科目，按投资转出的固定资产账面原值贷记"固定资产"科目，评估确认或合同、协议约定价值与净值之间的差额贷记或借记"公积公益金"科目。

村集体股份经济合作社在财产清查中盘亏的固定资产，应查明原因。按其原价贷记"固定资产"科目，按已提折旧额借记"累计折旧"科目，按其原价扣除累计折旧、过失人及保险公司赔款后的差额借记"其他支出"科目。

[例 3-49] 村集体股份经济合作社在财产清查中，盘亏柴油机一台，原价 1500 元，已提折旧 500 元。经查明属保管人员张军保护过失，决定由其赔偿现金 400。

会计分录为：

借：内部往来——张军　400

其他支出——其他支出　600

累计折旧——机器设备（柴油机）　500

贷：固定资产——机器设备（柴油机）　1500

第七节　村集体股份经济合作社无形资产的核算

无形资产，是指村集体股份经济合作社为生产商品或者提供劳务、出租给他人、或为管理目的而持有的、没有实物形态的资产，如村集体股份经济合作社持有的专利权、非专利技术、商标权、著作权、土地使用权、特许权等。

一、无形资产取得的核算

无形资产在取得时，应按实际成本计量。取得时的实际成本按以下方法确定：购入的无形资产，按实际支付的价款作为实际成本。投资者投入的无形资产，按投资各方确认的价值作为实际成本。接受的债务人以非现金资产抵偿债务方式取得的无形资产，或以应收债权换入无形资产的，按应收债权的账面价值加上应支付的相关税费，作为实际成本。以非货币性交易换入的无形资产，按换出资产的账面价值加上应支付的相关税费，作为实际成本。接受捐赠的无形资产，应按以下规定确定其实际成本：捐赠方提供了有关凭据的，按凭据上标明的金额加上应支付的相关税费，作为实际成本；捐赠方没有提供有关凭据的，按同类或类似无形资产的市场价格估计的金额，加上应支付的相关税费，作为实际成本。自行开发并按法律程序申请取得的无形资产，按依法取得时发生的注册费、聘请律师费等费用，作为无形资产的实际成本。在研究与开发过程中发生的材料费用、直接参与开发人员的工资及福利费、开发过程中发生的租金、借款费用等，直接计入当期损益。

村集体股份经济合作社应设置"无形资产"科目核算无形资产的取得、摊销和处置。取得无形资产时，借记"无形资产"科目，贷记"银行存款"科目；摊销无形资产时，借记"管理费用"科目，贷记"无形资产"科目。"无形资产"科目的期末余额在借方，反映村集体股份经济合作社已入账但尚未摊销的无形资产的摊余价值。村集体经济组织应按无形资产的名称设置明细账户，进行明细核算。

【3-50】集体经济组织自行研制一项果树嫁接栽培技术，研究费用20000元，支付注册费5000元，律师费1000元，均以A银行存款支付。会计分录为：

支付注册费、律师费时：

借：无形资产——（果树嫁接栽培技术）　6000

　　贷：银行存款——人民币（A银行）　6000

支付研究费用时：

借：管理费用——其他　20000

　　贷：银行存款——人民币（A银行）　20000

二、无形资产摊销的核算

无形资产应当自取得当月起在预计使用年限内分期平均摊销，计入损益。如预计使用年限超过了相关合同规定的受益年限或法律规定的有效年限，该无形资产的摊销年限按如下原则确定：合同规定受益年限但法律没有规定有效年限的，摊销年限不应超过合同规定的受益年限；合同没有规定受益年限但法律规定有效年限的，摊销年限不应超过法律规定的有效年限；合同规定了受益年限，法律也规定了有效年限的，摊销年限不应超过受益年限和有效年限两者之中较短者。

如果合同没有规定受益年限，法律也没有规定有效年限的，摊销年限不应超过10年。

村集体股份经济合作社在对无形资产价值进行摊销时，应将相关的摊销价值计入管理费用，即借记"管理费用"科目，贷记"无形资产"科目。

[例3-51] 村集体股份经济合作社接受捐赠果树嫁接栽培技术，以12000元入账，按10年直线法摊销。

每月应摊销的价值 =12000/10/12=100

会计分录为：

借：管理费用——无形资产价值摊销　100

　　贷 : 无形资产——果树嫁接栽培技术　100

三、无形资产处置的核算

　　村集体股份经济合作社出售无形资产，应将所得价款与该项无形资产的账面价值之间的差额，计入其他收入或其他支出。

4章

村集体股份经济合作社负债的核算

第一节　村集体股份经济合作社
负债核算的基本要求

一、村集体股份经济合作社负债概述

负债是村集体股份经济合作社承担的，以货币计量的在将来需要以资产或劳务偿还的债务，它是指村集体股份经济合作社过去的交易、事项形成的现有义务，履行该义务预期会导致经济利益流出。它代表着村集体股份经济合作社偿债责任和债权人对资产的求索权。村集体股份经济合作社负债分为流动负债和长期负债。

流动负债指偿还期在一年以内(含一年)的债务，包括短期借款、应付款项、应付工资、应付福利费、应缴税费等。长期负债指偿还期超过一年以上(不含一年)的债务，包括长期借款及应付款、一事一议资金、专项应付款等。

二、村集体股份经济合作社负债的特点

首先，负债是村集体股份经济合作社承担的现时义务。负债必须是村集体股份经济合作社承担的现时义务，它是负债的一个基本特征。其中，现时义务是指村集体股份经济合作社在现行条件下已承担的义务，未来发生的交易或者事项形成的义务，不属于现时义务，不应当确认为负债。

这里所指的义务是法定义务，是指具有约束力的合同或者法律法规规定的义务，通常在法律意义上需要强制执行。例如，村集体股份经济合作社购买牲畜形成应付账款，村集体股份经济合作社向农信社贷入款项形成借款，村集体股份经济合作社按照税法规定应当交纳的税款等，均属于村集体股份经济合作社承担的法定义务，需要依法予以偿还。

其次，负债的清偿预期会导致经济利益流出村集体股份经济合作社。预期会导致经济利益流出村集体股份经济合作社也是负债的一个本质特征，只有村

集体股份经济合作社在履行义务时会导致经济利益的流出,才符合负债的定义,如果不会导致村集体股份经济合作社经济利益流出的,就不符合负债的定义。在履行现时义务清偿负债时,导致经济利益流出村集体股份经济合作社的形式多种多样。例如,用现金偿还或以实物资产形式偿还;以提供劳务形式偿还;部分转移资产、部分提供劳务形式偿还;将负债转为资本等。

第三,负债是由过去的交易或事项形成的。负债应当由村集体股份经济合作社过去的交易或者事项所形成,只有过去的交易或者事项才形成负债。村集体股份经济合作社将在未来发生的承诺、签订的合同等交易或者事项,不形成负债。

第四,负债以法律、有关制度条例或合同契约的承诺作为依据。负债实质上是村集体股份经济合作社在一定时期之后必须偿还的经济债务,其偿还期或具体金额在它们发生或成立之时就已由合同、法规所规定与制约,是村集体股份经济合作社必须履行的一种义务。

三、负债管理的基本要求

村集体股份经济合作社应当建立健全借款业务内部控制制度,明确审批人和经办人的权限、程序、责任和相关控制措施。不得由同一人办理借款业务的全过程。应当对借款业务实行集体决策和审批,并保留完整的书面记录。应当在借款各环节设置相关的记录、填制相应的凭证,并加强有关单据和凭证的相互核对工作。村集体股份经济合作社应当加强对借款合同等文件和凭证的管理。应当定期或不定期对借款业务内部控制进行监督检查,对发现的薄弱环节,应当及时采取措施,加以纠正和完善。

村集体股份经济合作社的负债按实际发生的数额计价,利息支出计入其他支出。对发生因债权人特殊原因确实无法支付的应付款项,应计入其他收入。

第二节　村集体股份经济合作社流动负债的核算

流动负债是指偿还期限在一年以内（含一年）的债务，主要包括短期借款、应付款、应付工资、应付福利费和应交税费等。

一、短期借款的核算

（一）短期借款的内容

短期借款是指村集体股份经济合作社从银行、农商行和有关单位、个人借入的期限在一年以下（含一年）的各种借款，通过"短期借款"科目核算。本科目应按借款单位或个人名称设置明细科目，进行明细核算。期末贷方余额，反映村集体股份经济合作社尚未归还的短期借款的本金。有关"短期借款"科目应用会计分录如下：

村集体股份经济合作社借入各种短期借款时：

借：现金、银行存款

　　贷：短期借款

归还借款时：

借：短期借款

　　贷：现金、银行存款

（二）取得短期借款的核算

村集体股份经济合作社借入各种短期借款时，按实际借入的金额借记"现金""银行存款"账户，贷记"短期借款"账户。

[例4-1]村集体股份经济合作社向A农商行贷款100000元，办完贷款手续后直接存入A银行。贷款合同约定，贷款期限为6个月，到期一次还本付息，贷款年利率为5%。

会计分录为：

借：银行存款——人民币（A 银行）　100000

　　贷：短期借款——A 农商行　100000

（三）短期借款还本付息的核算

村集体股份经济合作社归还短期借款时，按实际归还的本金借记"短期借款"账户，按实际归还的短期借款利息借记"其他支出"账户，按实际归还的本息总额贷记"现金"或"银行存款"账户。

[例 4-2]接上例，6 个月到期时，村集体股份经济合作社用 A 银行存款偿还该项贷款本息。

会计分录为：利息金额为 100000 × 5% ×（6/12）=2500（元）

借：短期借款——A 农商行　100000

　　其他支出利息支出　2500

　　贷：银行存款——人民币（A 银行）　102500

二、应付款的核算

（一）应付款的内容

应付款是指村集体股份经济合作社与外部单位和外部个人发生的偿还期在一年以下(含一年)的各种应付及暂收款项等。包括因购买库存物资和接受劳务、服务等应付的款项以及应付的赔款、利息等。应付款是村集体股份经济合作社为满足日常生产经营活动和为村民提供服务需要而形成的，一般在村集体股份经济合作社取得赊购非村民库存物资、接受劳务服务和应付赔款、保证金、利息等时，确认应付款实现并入账核算。

（二）应付款的核算

为反映应付款的形成、偿还、结余及管理情况，村集体股份经济合作社应设置"应付款"账户，该账户属于负债类账户。"应付款"科目核算村集体股份经济合作社与外部单位和外部个人发生的偿还期在一年以下（含一年）的各种应付及暂收款项等。本科目应按应付款的不同单位和个人设置明细科目，进行明细核算。期末贷方余额，反映村集体股份经济合作社应付而未付及暂收的款项。有关"应付款"科目应用会计分录如下：

村集体股份经济合作社发生以上应付及暂收款项时：

借：现金、银行存款、库存物资

　　贷：应付款

在当月偿付应付及应收款项时：

借：应付款

　　贷：现金、银行存款等

发生确实无法拨付的应付款项时：

借：应付款

　　贷：其他收入

[例4-3]村集体股份经济合作社赊购外村村民张爱的苹果200公斤，价2000元，会计分录为：

借：库存物资——苹果　2000

　　贷：应付款——张爱　2000

[例4-4]村集体经济组织有一笔应付款1000元，因原债权人A单位撤销确实无法支付，经批准核销。

会计分录为：

借：应付款——A单位　1000

　　贷：其他收入——其他杂项收入　1000

三、应付工资的核算款

（一）应付工资的内容

应付工资是指村集体股份经济合作社应付给其管理人员及村民的报酬总额，包括各种工资、奖金、津贴、福利补助等。

（二）应付工资的核算

村集体股份经济合作社应付给其管理人员及村民的报酬，不论是否在当月支付，都应通过"应付工资"科目核算。村集体股份经济合作社付给临时工的报酬，不通过"应付工资"科目核算。临时工是非本村村民，通过"应付款"账户核算。"应付工资"科目应按照管理人员和村民的类别及应付工资的组成内容进行明细核算，如按行政管理人员工资、生产（劳务）人员工资、牲畜（禽）管理人员工资、技术管理人员工资、工程人员工资、其他人员工资设置二级明细科目，按工资、奖金、津贴、福利补助等设置三级明细科目。期末贷方余额，反映村集体股份经济合作社已提取但尚未支付的工资额。有关"应付工资"科目应用会计分录如下：

村集体股份经济合作社按照经过批准的金额提取工资时，根据人员岗位：

借：管理费用、生产（劳务）成本、牲畜（禽）资产、林木资产、在建工程等

　　贷：应付工资

按规定程序批准后，实际发放工资时：

借：应付工资

　　贷：现金、银行存款等

[例4-5]经批准，村集体股份经济合作社提取9月份包装、运输核桃的工资10000元。会计分录为：

借：生产（劳务）成本——核桃（直接人工）　10000

　　贷：应付工资——生产（劳务）人员工资（工资）　10000

发放工资时：

借：应付工资——生产（劳务）人员工资（工资）　10000

　　贷：现金　10000

四、应付福利费的核算

（一）应付福利费的内容

应付福利费是指村集体股份经济合作社从收益中提取，用于集体福利、文教、卫生等方面的福利费（不包括兴建集体福利等公益设施支出）；包括照顾烈军属、五保户、困难户的支出，计划生育支出，农民因公伤亡的医药费、生活补助及抚恤金等。

（二）应付福利费的核算

（1）应付福利费的内容

应付福利费是指村集体股份经济合作社从收益中提取，用于集体福利、文教、卫生等方面的福利费（不包括新建集体福利等公益设施支出）；包括照顾烈军属、五保户、困难户的支出，计划生育支出，农民因公伤亡的医药费、生活补助及抚恤金等。

（2）应付福利费的核算："应付福利费"科目应按支出项目设置明细科目，如按文化教育支出、卫生支出、照顾烈军属支出、照顾五保户支出、照顾困难户支出、计划生育支出、村民因公伤亡医药费、村民因公伤亡生活补助、村民因公伤亡抚恤金、其他福利支出和提取额设置二级明细科目，进行明细核算。期末贷方余额，反映村集体股份经济合作社已提取但尚未使用的福利费金额。如为借方余额，反映本年福利费超支数；按规定程序批准后，应按规定转入"公积公益金"科目的借方，未经批准的超支数额，仍保留在本科目借方。有关"应付福利费"科目应用会计分录如下

（1）村集体股份经济合作社按照经批准的方案，从收益中提取福利费时：

借：收益分配

　　贷：应付福利费

（2）发生上述支出时：

借：应付福利费

　　贷：现金、银行存款等

[例 4-6] 村集体股份经济合作社按照经批准的方案，从收益中提取福利费 60000 元，以现金支付照顾烈军属 10000 元、五保户 15000 元、困难户 5000 元。会计分录为：

（1）提取福利费时：

借：收益分配——各项分配 (提取福利费)60000

　　贷：应付福利费——提取额 60000

（2）发生上述支出时：

借：应付福利费——照顾烈军属支出 10000

　　　　　　　　——照顾五保户支出 15000

　　　　　　　　——照顾困难户支出 5000

　　贷：现金 30000

（三）"应付福利费"科目应按支出项目设置明细科目

如按文化教育支出、卫生支出、照顾烈军属支出、照顾五保户支出、照顾困难户支出、计划生育支出、村民因公伤亡医药费、村民因公伤亡生活补助、村民因公伤亡抚恤金、其他福利支出和提取额设置二级明细科目，进行明细核算。期末贷方余额,反映村集体股份经济合作社已提取但尚未使用的福利费金额。

如为借方余额，反映本年福利费超支数；按规定程序批准后，应按规定转入"公积公益金"科目的借方，未经批准的超支数额，仍保留在本科目借方。

（四）有关"应付福利费"科目应用会计分录如下：

村集体股份经济合作社按照经批准的方案，从收益中提取福利费时：

借：收益分配

　　贷：应付福利费

发生上述支出时：

借：应付福利费

　　贷：现金、银行存款等

[例 4-6] 村集体股份经济合作社按照经批准的方案，从收益中提取福利费 60000 元，以现金支付照顾烈军属 10000 元、五保户 15000 元、困难户 5000 元。会计分录为：

提取福利费时：

借：收益分配——各项分配（提取福利费）　60000

　　贷：应付福利费——提取额　60000

发生上述支出时：

借：应付福利费——照顾烈军属支出　10000

　　　　　　　　——照顾五保户支出　15000

　　　　　　　　——照顾困难户支出　5000

　　贷：现金　30000

五、应交税费的核算

"应交税费"科目核算村集体股份经济合作社应交纳的各种税费。村集体股份经济合作社应按所交纳的税费种类进行明细核算。如按应交增值税、应交营业税、应交城建税、应交教育费附加、应交房产税、应交土地使用税、应交车船使用税、应交个人所得税、应交企业所得税等设置二级明细科目，进行明细核算。其中，属于增值税一般纳税人的村集体股份经济合作社，其应在应交增值税明细账中设置"进项税额""已交税金""销项税额"等三级明细科目，进行明细核算。

属于增值税小规模纳税人的村集体股份经济合作社购进材料：

借：库存物资

　　贷：银行存款等

属于一般纳税人的村集体经济组织：

购入非自用材料并已验收入库：

借：库存物资（专用发票上记载的应计入采购成本的金额）

　　应交税费——应交增值税（进项税额）（采购材料专用发票上注明的增值税额）

　　贷：银行存款、应付账等

村集体股份经济合作社销售产品取得经营收入：

借：银行存款——人民币（× 银行）

　　贷：经营收入——×× 产品销售收入

　　　　应交税费——应交增值税（销项税额）

缴纳本月应交增值税金：

借：应交税费——应交增值税（已交税金）

　　贷：银行存款——人民币（×× 银行）

月末计算本月应纳营业税、城市维护建设税、教育费：

借：经营支出

　　贷：应交税费——应交营业税

按规定计算应交所得税：

借：收益分配——应交所得税

　　贷：应交税费——应交所得税

缴纳所得税：

借：应交税费——应交所得税

　　贷：银行存款

第三节　村集体股份经济合作社
长期负债的核算

村集体股份经济合作社的长期负债是指偿还期限超过一年以上（不含一年）的债务，包括长期借款及应付款、一事一议资金和专项应付款等。

一、长期借款及应付款的核算

（一）长期借款及应付款的内容

长期借款及应付款是指村集体股份经济合作社从银行、农商行和有关单位、个人借入的期限在一年以上（不含一年）的借款及偿还期在一年以上（不含一年）的应付款项。

（二）长期借款及应付款的核算

"长期借款及应付款"科目应按借款及应付款单位和个人设置明细科目，进行明细核算。期末贷方余额，反映村集体股份经济合作社尚未偿还的长期借款及各种应付款项。

村集体股份经济合作社发生长期借款及应付款项时：

借：现金、银行存款、库存物资等

　　贷：长期借款及应付款

归还和偿付长期借款及应付款项：

借：长期借款及应付款

　　贷：现金、银行存款

发生长期借款的利息支出时：

借：其他支出

　　贷：现金、银行存款等

发生确实无法偿还的长期借款及应付款时：

借：长期借款及应付款

贷：其他收入

[例4-7] 2018年7月1日，村集体股份经济合作社向A农商行贷款200000元，并已到账。贷款合同约定借款期限为2年，年利率为6%，每半年偿还一次利息，到期时偿还本金和剩余利息。会计分录为：

村集体股份经济合作社发生长期借款时：

借：银行存款——人民币（A农商行） 200000

 贷：长期借款及应付款——A农商行（本金） 200000

2018年年末计提A农商行贷款利息时：

借：其他支出——利息支出 6000

 贷：长期借款及应付款——农商行（借款利息） 6000

2018年12月31日，村集体股份经济合作社按贷款合同约定支付A农商行贷款利息：

借：长期借款及应付款——A农商行（借款利息） 6000

 贷：银行存款——人民币（A农商行） 6000

2019年6月30日和12月31日计提、支付A农商行贷款利息的分录同上。

待到2020年6月30日时，村集体股份经济合作社归还贷款本金及利息：

借：长期借款及应付款——A农商行本金 200000

 其他支出利息支出 6000

 贷：银行存款——人民币（A农商行） 206000

二、一事一议资金的核算

一事一议资金的内容：一事一议资金是指村集体股份经济合作社兴办生产、公益事业，按一事一议的形式筹集的专项资金。

一事一议资金的核算："一事一议资金"科目应按所议项目设置明细科目，进行明细核算。同时，必须另设备查账簿对一事一议资金的筹集和使用情况进行登记。期末贷方余额，反映村集体股份经济合作社应当用于一事一议专项工程建设的资金；期末借方余额，反映村集体经济组织一事一议专项工程建设的超支数。

村集体经济组织一事一议筹资方案经成员大会或成员代表大会通过时：

借：内部往来

　　贷：一事一议资金

收到村民交来的一事一议专项筹资时：

借：现金等

　　贷：内部往来

村集体股份经济合作社使用一事一议资金购入不需要安装的固定资产时：

借：固定资产

　　贷：现金、银行存款等

借：一事一议资金

　　贷：公积公益金

村集体股份经济合作社使用一事一议资金购入需要安装或建造的固定资产时：

借：在建工程

　　贷：现金、银行存款等

固定资产完工后：

借：固定资产

　　贷：在建工程

借：一事一议资金

　　贷：公积公益金

村集体股份经济合作社对于使用一事一议资金没有形成固定资产的项目，在项目支出发生时：

借：在建工程

　　贷：现金、银行存款等

项目完成后按使用的一事一议资金：

借：管理费用、其他支出等

　　贷：在建工程

同时：借：一事一议资金

　　　　　贷：公积公益金

[例4-8]村集体股份经济合作社村民代表大会通过修一条村路，筹资200000元，由全村200农户各出资1000元，出包给某路桥公司施工，2个月后

村公路完工交付使月。

会计分录为：

村公路筹资方案经村集体股份经济合作社村民代表大会通过时：

借：内部往来——××村民（200人的名字）　200000

　　贷：一事一议资金——村路　200000

收到农户交来的村路筹资款时：

借：现金——人民币　200000

　　贷：内部往来——××村民（200人的名字）　200000

使用村路筹资款以A农商行预付某路桥公司施工费　100000：

借：在建工程——村西公路工程（其他费用）　100000

　　贷：银行存款——人民币（A农商行）　100000

村路完工后，经验收合格，并支付剩余工程款时：

借：在建工程——村路工程（其他费用）

　　贷：银行存款——人民币（A农商行）　100000

同时：

借：固定资产——村路　200000

　　贷：在建工程——村路工程（其他费用）　200000

同时：

借：一事一议资金　——村路　200000

　　贷：公积公益金——其他（村路）　200000

三、专项应付款的核算

"专项应付款"科目核算村集体股份经济合作社收到国家拨入的具有专门用途的资金。本科目应按项目或拨款单位设明细账，进行明细核算。

收到专项拨款时：

借：银行存款

　　贷：专项应付款

使用专项投款时：

借：在建工程

　　贷：银行存款等

如果形成固定资产，则：

借：固定资产

　　贷：在建工程

同时：

借：专项应付款

　　贷：公积公益金——拨款转入

如果不形成固定资产，报经批准后：

借：专项应付款

　　贷：在建工程

缴回结余拨款时：

借：专项应付款

　　贷：银行存款

第5章

村集体股份经济合作社所有者权益的核算

第一节　村集体股份经济合作社所有者权益概述

一、所有者权益的概念

所有者权益是指村集体股份经济合作社的资产扣除负债后由所有者享有的剩余权益，即净资产。

村集体股份经济合作社的所有者和债权人均是村集体股份经济合作社资金的提供者，因而所有者权益和负债（债权人权益）二者均是对村集体股份经济合作社资产的要求权，但二者之间又存在着明显的区别。

一是所有者权益在村集体股份经济合作社经营期内可供村集体股份经济合作社长期、持续地使用，村集体股份经济合作社不必向投资人返还本金；而负债则须按期返还给债权人，成为村集体股份经济合作社负担的债务。

二是村集体股份经济合作社所有人凭其对村集体股份经济合作社投入的资本，享受分配税后利润的权利；而债权人除按规定取得股息外，无权分配村集体股份经济合作社的盈利。

三是村集体股份经济合作社所有人有权行使村集体股份经济合作社的经营管理权，或者授权管理人员行使经营管理权；但债权人并没有经营管理权。

四是村集体经济组织的所有者对村集体股份经济合作社的债务和亏损负有无限的责任或有限的责任；而债权人对村集体股份经济合作社的其他债务不发生关系，一般也不承担村集体股份经济合作社的亏损。

二、所有者权益的内容

村集体股份经济合作社所有者权益包括资本、公积公益金和未分配收益三部分。

所有者权益是村集体股份经济合作社所有者对村集体股份经济合作社净资产的所有权。一般情况下，村集体股份经济合作社的所有者是其成员；少数有外来投资的村集体股份经济合作社，所有者还包括外部投资者。为使所有者了解投入资本的保值增值情况以及村集体股份经济合作社的资本积累情况，村集体股份经济合作社应当认真进行所有者权益的核算，为所有者及有关方面正确决策提供可靠的资料。

第二节 村集体股份经济合作社 所有者权益的核算

村集体股份经济合作社所有者权益的核算有其独特的特性，应设置"资本""公积公益金""本年收益"和"收益分配"等科目，对所有者权益进行总分类账和明细分类核算。

一、资本新业务核算

资本是村集体股份经济合作社及其村民或其他投资者实际投入村集体股份经济合作社的各种资产的价值。它是进行生产经营活动的前提，也是村集体股份经济合作社及其村民或其他投资者分享权益和承担义务的依据。

为了反映投资人实际投入的资本以及资本的增减变化情况。应设置"资本"账户，贷方登记实际收到的资本金额以及用公积公益金转增的资本数额，借方登记按规定程序减少的资本数额。期末贷方余额反映村集体股份经济合作社实际拥有的资本总额。该账户应按国家资本金、法人资本金、个人资本金、外商资本金设置二级明细账户，按单位和个人设置三级明细账户进行明细核算。

村集体股份经济合作社收到货币资金投入的资本，按实际收到的金额，借记"现金""银行存款"科目，按投资者应享有村集体股份经济合作社注册资本的份额计算的金额，贷记本科目，按两者之间的差额，贷记"公积公益金"科目。

[例 5-1] 根据村集体股份经济合作社和 A 单位签订的投资协议 :A 单位向村集体股份经济合作社投资 200000 元，款存入 A 银行。协议约定入股份额占村集体股份经济合作社股份的 20%，村集体股份经济合作社原有资本 800000 元。

A 单位投入到村集体股份经济合作社的资金 200000 元中，能够作为资本入账的数额是 :800000×20%=160000 元，其余的 40000 元，只能作为资本溢价，记入"公积公益金"账户。

会计分录为 :

借 : 银行存款——人民币（A 银行）　200000

　　贷 : 资本——法人资本金（A 单位）　160000

　　　　公积公益金——其他　40000

村集体股份经济合作社收到非货币资金投入的资本，按投资评估价格或各方确认的价值，借记"库存物资""固定资产""无形资产"等科目，贷记本科目，按投资者应享有村集体股份经济合作社注册资本的份额计算的金额，贷记本科目，按两者之间的差额，贷记或借记"公积公益金"科目。

[例 5-2] 村集体股份经济合作社收到村民张波投入甲材料一批，评估确认价为 100000 元。会计分录为 :

借 : 库存物资——甲材料　100000

　　贷 : 资本——个人资本金（张波）　100000

村集体股份经济合作社资本金及股权量化等新业务的会计核算 : 村集体股份经济合作社资本 (股本) 来源于村集体经营性资产，股权管理一般采取静态管理模式，即"折股到人、量化到户、户内共享、社内流转"和"生不增、死不减、进不增、出不减"。因村集体经济组织和村股份经济合作社是不同的经济组织 (会计主体)，故双方都应进行会计核算。

[例 5-3] ×××村，2017 年 12 月进行了产权制度改革，按照法定进行了清产核资、成员界定。村级集体经济组织经营性资产为 980 万元，设定成员每人一股，人数为 1200 人。成立 ×××村集体股份经济合作社，依章程选举产生理事会、董事会，量化资产时，集体占股比例为 30%，成员占股比例 70%。

村委会 :

借 : 资本　9800000

　　贷 : 固定资产——经营性资产　9800000

村股份经济合作社 :

集体股份数额 =9800000×30% =2940000 元

成员股份总额 =9800000×70% =6860000 元

每个成员占股 =2940000/1200=2450 元

假定农户张三家认定成员数为 3 人，该户股金证上记载股金数 =2450×3=7350 元。

借：固定资产　9800000

　　贷：资本（股本）——集体股　2940000

　　　　　　　　——成员股——张三　7350

　　　　　　　　——李四　×××

　　　　　　　　——王五　×××

合计　6860000

村集体股份经济合作社按照法定程序减少注册资本或投资者退股时，借记本科目，贷记"现金""银行存款""固定资产""库存物资"等科目，并在有关明细账及备查簿中详细记录资本发生的变动情况。

[例 5-4] 村集体股份经济合作社付给村民张波退股 10000 元，其中，现支 1000 元，从开户行存款支付 9000 元。

会计分录为：

借：资本——个人资本金（张波）　10000

　　贷：现金——人民币　1000

　　　　银行存款　9000

[例 5-5] 村集体股份经济合作社付给退出成员张军 A 材料一批，评估确认价为 10000 元。会计分录为：

借：资本——个人资本金（张军）　10000

　　贷：库存物资——A 材料　10000

二、公积公益金的核算

公积公益金是村集体股份经济合作社用于扩大生产经营、承担经营风险及集体公益事业的公共积累资金。其来源包括：按收益提取、接受捐赠资产、资产评估增值、土地补偿费、拍卖荒山使用权收入、拍卖荒地使用权收入、拍卖荒水使用权收入、拍卖荒滩使用权收入等。其用途包括：转增资本、弥补亏损等。

"公积公益金"科目核算村集体股份经济合作社从收益中提取的和其他来源取

得的公积公益金。本科目可按收益提取、接受捐赠资产、资产评估增值、土地补偿费、拍卖荒山使用权收入、拍卖荒地使用权收入、拍卖荒水使用权收入、拍卖荒滩使用权收入、其他、转增资本和弥补亏损等设置二级明细科目，进行明细计算。本科目的期末贷方余额，反映村集体股份经济合作社的公积公益金数额。村集体经济机权收利投资有投入的资产，双方确认的价值与按享有村集体股份经济合作社注册资份额计算的金额之差额，计入公积公益金；长期投资中，资产重估确认价值与原账面净值的差额计入公积公益金。

从收益中提取公积公益金时，借记"收益分配"科目，贷记本科目。

[例5-6]年终，村集体股份经济合作社从当年盈余中提取公积公益金200000元。会计分录为：

借：收益分配——各项分配（提取公积公益金）　200000

　　贷：公积公益金——收益提取　200000

收到征用土地补偿费及拍卖荒山、荒地、荒水、荒滩等使用权价款或者收到由其他来源取得的公积公益金时，借记"银行存款"等科目，贷记本科目。收到捐赠的资产时，借记"银行存款""库存物资""固定资产"等科目，贷记本科目。

[例5-7]村集体股份经济合作社收到国家征用土地补偿费1000000元，存入A银行。会计分录为：

借：银行存款——人民币（A银行）　1000000

　　贷：公积公益金——土地补偿费　1000000

按国家有关规定，并按规定程序批准后，公积公益金转增资本、弥补福利费不足或弥补亏损时，借记本科目，贷记"资本""应付福利费"或"收益分配"科目。

[例5-8]村集体股份经济合作社按国家有关规定，并按规定程序批准，用公积公益金200000元转增全村200户村民的资本金；用公积公益金100000元弥补福利费。会计分录为：

借：公积公益金——转增资本　300000

　　贷：资本——个人资本金（200户村民名字）　200000

　　　　应付福利费——提取额　100000

三、本年收益的核算

"本年收益"科目核算村集体股份经济合作社本年度实现的收益。会计期末结转经营收益时，应将"经营收入""发包及上交收入""补助收入""其他收入"科目的余额转入本科目的贷方，借记"经营收入""发包及上交收入""补助收入""其他收入"科目，贷记本科目；同时将"经营支出""其他支出""管理费用"科目的余额转入本科目，借记本科目，贷记"经营支出""其他支出""管理费用"科目。"投资收益"科目的净收益转入本科目，借记"投资收益"，贷记本科目；如为投资净损失，借记本科目，贷记"投资收益"。

[例5-9] 年末，村集体股份经济合作社结转全年收入2800000元，其中，经营收入2200000元、发包及上交收入450000、补助收入10000元、其他收入50000元；全年支出300000元，其中，经营支出200000元、其他支出50000元、管理费用250000元；投资收益（借方）10000元。会计分录为：

借：经营收入　2200000

　　发包及上交收入　450000

　　补助收入　100000

　　其他收入　50000

　　贷：本年收益　2800000

同时：

借：本年收益　2300000

　　贷：经营支出　2000000

　　　其他支出　50000

　　　管理费用　250000

同时：

借：本年收益　10000

　　贷：投资收益　10000

年度终了，应将本年收入和支出相抵后的本年净收益，转入"收益分配"科目，借记本科目，贷记"收益分配——未分配收益"。如为净亏损，做相反会计分录，结转后"本年收益"科目应无余额。

[例5-10] 承上例，年末，村集体股份经济合作社结转本年收益。会计分录为：

本年收益 =2800000–2300000–10000=490000（元）

借：本年收益　490000

　　贷：收益分配——未分配收益　490000

四、收益分配的核算

"收益分配"科目核算村集体经济组织当年收益的分配（或亏损的弥补）和历年分配后的结存余额。本科目设置"各项分配"和"未分配收益"两个二级科目，在"各项分配"下，按提取公积公益金、提取福利费、外来投资分利、村民分配、转赠资本和弥补亏损等设置三级明细科目，进行明细核算。借方余额为历年积存的未弥补的亏损，贷方余额为历年积存的未分配收益。

村集体股份经济合作社用公积公益金弥补亏损时，借记"公积公益金"科目，贷记本科目（未分配收益）。

[5–11] 村集体经济组织用公积公益金弥补亏损 50000 元。

会计分录为：

借：公积公益金——弥补亏损　50000

　　贷：收益分配——未分配收益　50000

按规定提取公积公益金、提取应付福利费、外来投资分利，进行农户分配时，借记本科目（各项分配），贷记"公积公益金""应付福利费""应付款""内部往来"等科目。

[例 5–12] 村集体股份经济合作社本年度实现盈余 500000 元，根据经批准的盈余分配方案，按本年盈余的 15% 提取公积公益金、5% 提取福利费、10% 外来投资分利、60% 进行村民 (200 户) 分配、10% 奖励贡献突出的经营管理人员。

会计分录为：

提取的公积公益金 =500000×15%=75000（元）

提取的福利费 =500000×5%=25000（元）

外来投资分利 =500000×10%=50000（元）

村民分利 =500000×60%=300000（元）

突出贡献经营管理人员奖励 =500000×10%=50000（元）

借：收益分配——各项分配（提取公积公益金）　75000

　　　　——各项分配（提取福利费）　25000

　　　　——各项分配（外来投资分利）　50000

　　　　——各项分配（村民分配）　300000

　　　　——各项分配（突出贡献人员）　50000

　　贷：公积公益金——收益提取　75000

　　　　应付福利费——收益提取　25000

　　　　应付款——×× 单位或个人　50000

　　　　内部往来——×× 村民（200 户姓名）　300000

　　　　内部往来——（突出贡献人员姓名）　50000

　　年终，村集体股份经济合作社应将全年实现的收益总额，自"本年收益"科目转入本科目，借记"本年收益"，贷记本科目（未分配收益）；如为净亏损，做相反会计分录。同时，将本科目下的"各项分配"明细科目的余额转入本科目"未分配收益"明细科目，借记本科目（未分配收益），贷记本科目（各项分配）。

　　年度终了，本科目的"各项分配"明细科目应无余额，"未分配收益"明细科目的贷方余额表示未分配的收益，借方余额表示未弥补的亏损。

　　[例 5-13] 承上例，村集体股份经济合作社结转全年实现的收益总额 50000，会计分录为：

　　借：本年收益　500000

　　　贷：收益分配——未分配收益　500000

　　同时，将"收益分配"科目下的"各项分配"明细科目的余额转入本科目"未分配收益"明细科目：

　　借：收益分配——未分配收益　500000

　　　贷：收益分配——各项分配（提取公积公益金）　75000

　　　　——各项分配（提取福利费）　25000

　　　　——各项分配（外来投资分利）　50000

　　　　——各项分配（村民分配）　300000

　　　　——各项分配（突出贡献人员）　50000

　　年终结账后，如发现以前年度收益计算不准确，或有未反映的会计业务，需要调整增加或减少本年收益的，也在收益分配科目下未分配收益明细科目中核算。调整增加本年收益时，借记有关科目，贷记本科目（未分配收益）；调整减少本年收益时，借记本科目（未分配收益），贷记有关科目。

第6章

村集体股份经济合作社损益的核算

第一节　村集体股份经济合作社
收入的核算

一、村集体股份经济合作社收入概述

村集体股份经济合作社收入包括经营收入、发包及上交收入、补助收入和其他收入等。

经营收入是指村集体股份经济合作社进行各项生产、服务等经营活动取得的收入，包括库存物资销售收入、出租收入、劳务收入等。

村集体股份经济合作社经营收入的确认，同时具备以下两个条件：①库存物资已经发出，劳务已经提供；②收讫价款或没有收讫价款但已取得收取价款的凭据。

村集体股份经济合作社发包及上交收入是指农户和其他单位因承包村集体耕地、林地、果园、鱼塘等上交的承包金及村办企业上交的利润等。

补助收入是指村集体股份经济合作社获得的财政等有关部门的补助资金。

其他收入是指除经营收入、发包及上交收入和补助收入以外的收入。

二、经营收入的核算

经营收入是指村集体股份经济合作社进行生产、服务等经营活动取得的收入，包括产品物资销售收入、出租收入、劳务收入等。

为了反映经营收入的形成和经营支出的结转情况，村集体股份经济合作社应当设置"经营收入""经营支出"科目进行核算。"经营收入"科目核算当年发生的各项经营收入，该科目贷方登记村集体股份经济合作社实现的各项经营收入，借方登记发生现金折扣、销售折让或退回时冲减的经营收入；年终，应将本科目的余额转入"本年收益"科目的贷方，结转后本科目应无余额。为详细反映经营收入的具体情况，该科目应按收入项目设置明细科目（如产品物资销售收入、出租收入、劳务收入等)，进行明细核算。主要会计分录为：

经营收入发生时：

借：现金、银行存款等

　贷：经营收入

同时结转经营成本：

借：经营支出

　贷：库存物资等

年终，将经营收入科目的余额转入"本年收益"科目，结转后本科目应无余额。

借：经营收入

　贷：本年收益

三、发包及上交收入的核算

发包及上交收入是指农户和其他单位因承包集体耕地、林地、果园、鱼塘等上交的承包金及村 (组) 办企业上交的利润等。

为了反映发包及上交收入的形成和结转情况，村集体经济合作社应当设置"发包及上交收入"科目进行核算，该科目贷方记村集体股份经济合作社实现的发包及上交收入，借方登记结转至全年收益的发包及上交收入金额。年终，应将本科目的余额转"本年收益"科目的贷方，结转后本科目应无余额。为详细反映发包及上交收入的具体情况，该科目下设"承包金"和"企业上交利润"两个二级明细科目，再按经营项目设置三级明细科目，进行明细核算。主要会计分录为：

村集体股份经济合作社收到上交的承包金或利润时：

借：现金、银行存款等

　贷：发包及上交收入

年终，村集体股份经济合作社结算本年应收未收的承包金和利润时：

借：内部往来 (或应收款)

　贷：发包及上交收入

村集体股份经济合作社收到以前年度应收未收的承包金和利润时：

借：现金、银行存款等

　　贷：内部往来（或应收款）

四、补助收入的核算

补助收入是指村集体股份经济合作社收到财政等有关部门的补助资金。

为了反映补助收入的形成和结转情况，村集体股份经济合作社应当设置"补助收入"科目进行核算，该科目贷方登记收到的补助收入金额，借方登记结转至本年收益的补助收入金额。年终，应将本科目的余额转入"本年收益"科目的贷方，结转后本科目应无余额。为详细反映补助收入的具体情况，应按补助项目设置明细科目，进行明细核算。主要会计分录为：

村集体股份经济合作社收到补助资金时：

借：银行存款等

　　贷：补助收入

年终，将本科目的余额转入"本年收益"科目的贷方，结转后本科目应无余额。

借：补助收入

　　贷：本年收益

五、其他收入的核算

其他收入是指村集体股份经济合作社除"经营收入""发包及上交收入"和"补助收入"以外的其他收入，如罚款收入、存款利息收入、固定资产及库存物资的盘盈收入等。

为了反映其他收入的形成和结转情况，村集体股份经济合作社应当设置"其他收入"科目进行核算，该科目贷方登记发生的其他收入金额，借方登记结转至本年收益的其他收入金额。年终，应将本科目的余额转入"本年收益"科目的贷方，结转后本科目应无余额。为详细反映其他收入的具体情况，应按其他的补收入项目（如罚款收入、存款利息收入、固定资产盘盈收入、库存物资盘盈收入和其他杂项收入等）设置明细科目，进行明细核算。主要会计分录为：

发生其他收入时：

借：现金、银行存款等

　　贷：其他收入

年终，将本科目的余额转入"本年收益"科目的贷方，结转后本科目应无余额。

借：其他收入

　　贷：本年收益

第二节　村集体股份经济合作社
成本费用的核算

一、生产（劳务）成本的核算

（一）生产（劳务）成本概述

生产（劳务）成本是指村集体股份经济合作社直接组织生产或对外提供劳务等活动所发生的各项生产费用和劳务成本。包括各项直接支出和制造费用。直接支出包括直接材料（原材料、辅助材料、备品备件、燃料及动力等）和直接人工（生产人员的工资、补贴、福利费）。制造费用是指村集体股份经济合作社生产部门为组织和管理生产所发生的各项费用，包括生产管理人员工资、生产用固定资产折旧费、维修费、修理费、办公费、差旅费、劳保费等。生产成本由直接材料、直接人工和制造费用三部分组成。

（二）生产（劳务）成本的会计处理

村集体股份经济合作社为了核算直接组织生产或对外提供劳务等活动所发生的各项生产费用和劳务成本，应设置"生产（劳务）成本"科目，该科目借方登记按成本核算对象归集的各项生产费用和劳务成本，贷方登记完工入库的农产品或工业成品成本以及已经实现销售的劳务实际成本，期末借方余额反映村集体股份经济合作社尚未完成的产品及尚未结转的劳务成本；该科目应按生产费用和劳务成本的种类设置明细科目，进行明细核算。主要会计分录为：

发生的各项生产费用和劳务成本，应按成本核算对象归集：

借：生产（劳务）成本

　贷：现金、银行存款、库存物资、内部往来、应付款等

会计期间终了，对已生产完成并验收入库的工业产成品和农产品：

借：库存物资

　贷：生产（劳务）成本

对外提供劳务实现销售时：

借：经营支出

　贷：生产（劳务）成本

二、费用支出的核算

（一）费用支出概述

村集体股份经济合作社的费用支出包括经营支出、管理费用和其他支出等，其中一类属于经营性支出，如经营支出；另一类属于非经营性支出，如管理费用和其他支出等。

经营支出是指村集体股份经济合作社因销售商品、农产品、对外提供劳务等活动而发生的实际支出，包括销售商品或农产品的成本、销售牲畜或林木的成本、对外提供劳务的成本、维修费、运输费、保险费、产役畜的饲养费用及其成本摊销、经济林木投产后的管护费用及其成本摊销等。

管理费用是指村集体股份经济合作社管理活动发生的各项支出，包括村集体股份经济合作社管理人员及固定员工的工资、办公费、差旅费、管理用固定资产折旧费和维修费等。

其他支出是指村集体股份经济合作社与经营管理活动无直接关系的支出。

（二）经营支出的核算

村集体股份经济合作社为了核算经营支出的发生和结转情况，应设置"经营支出"科目，该科目借方登记发生的各项经营支出，贷方登记结转至"本年收益"的经营支出金额；年终，应将本科目的余额转入"本年收益"科目的借方，结转后本科目应无余额。为了详细反映经营支出的具体情况，该科目应按经营项目设置明细科目，进行明细核算。主要会计分录为：

经营支出发生时：

借：经营支出

　　贷：库存物资、生产（劳务）成本、应付工资、内部往来、应付款、牲畜（禽）资产、林木资产等

村集体股份经济合作社应根据实际情况，采用先进先出法、加权平均法和个别计价法等方法，确定本期销售的商品、农产品等的实际成本。方法一经选定，不得随意变更。

年终，将本科目的余额转入"本年收益"科目的借方，结转后本科目应无余额。

借：本年收益

　　贷：经营支出

（三）管理费用的核算

村集体股份经济合作社为了核算管理费用的发生和结转情况，应设置"管理费用"科目，该科目借方登记发生的各项管理费用，贷方登记结转至"本年收益"的管理费用金额；年终，应将本科目的余额转入"本年收益"科目的借方，结转后本科目应无余额。为了详细反映管理费用的具体情况，该科目应按管理费用项目设置明细科目（如工资、办公费、差旅费、招待费、折旧费、修理费、其他等），进行明细核算。主要会计分收录为：

发生上述各项管理费用时：

借：管理费用

　　贷：应付工资、现金、银行存款、累计折旧等

年终，将本科目的余额转入"本年收益"科目的借方，结转后本科目应无余额。

借：本年收益

　　贷：管理费用

（四）其他支出的核算

村集体股份经济合作社为了核算其他支出的发生和结转情况，应设置"其他支出"科目，该科目借方登记发生的各项其他支出，贷方登记结转的其他支出金额；年终，应将本科目的余额转入"本年收益"科目的借方，结转后本科目应无余额。为了详细反映其他支出的具体情况，该科目应按其他支出项目设

置明细科目(如折旧费、利息支出、非常损失、固定资产盘亏、库存物资的盘亏、防汛抢险支出、坏账损失、罚款支出和其他等),进行明细核算。

主要会计分录为:

发生其他支出时:

借:其他支出

　贷:累计折旧、现金、银行存款、库存物资、应付款等

年终,将本科目的余额转入"本年收益"科目的借方,结转后本科目应无余额。

借:本年收益

　贷:其他支出

第三节　村集体股份经济合作社收益的核算

一、收益的构成

收益是指村集体股份经济合作社在一定会计期间的经营成果,是当年实现的各项收入扣除应由当年收入补偿的各项费用支出后的余额。

村集体股份经济合作社收益包括经营收益及收益总额。

(一)经营收益

村集体股份经济合作社的经营收益是指经营收入加上发包及上交收入和投资收益,再减去经营支出和管理费用后的金额。即:

经营收益 = 经营收入 + 发包及上交收入 + 投资收益 - 经营支出 - 管理费用

(二)收益总额

村集体股份经济合作社的收益总额是指经营收益加上补助收入和其他收入,再减去其他支出后的金额。即:

收益总额 = 经营收益 + 补助收入 + 其他收入 - 其他支出

二、收益的核算

村集体股份经济合作社为了核算收益的形成过程，应设置"本年收益"科目，用于核算村集体股份经济合作社在年度内实现的收益（或亏损）总额。

会计期末，村集体股份经济合作社应当将"经营收入""发包及上交收入""补助收入""其他收入"科目的余额转入"本年收益"科目的贷方，借记"经营收入""发包及上交收入""补助收入""其他收入"科目，贷记"本年收益"科目；同时将"经营支出""其他支出""管理费用"科目的余额转入"本年收益"科目的借方，借记"本年收益"科目，贷记"经营支出""其他支出""管理费用"科目。"投资收益"如为净收益，转入"本年收益"科目的贷方，借记"投资收益"，贷记"本年收益"科目；如为投资净损失，借记"本年收益"科目，贷记"投资收益"。结转后"本年收益"科目如为贷方余额，表示当年实现的净收益；如为借方余额，表示当年发生的净亏损。

年度终了，村集体股份经济合作社应将"本年收益"科目的本年累计余额转入"收益分配——未分配收益"科目。如为净收益，借记"本年收益"科目，贷记"收益分配——未分配收益"科目，如为亏损，作相反会计分录，结转后"本年收益"科目应无余额。

第7章

村集体股份经济合作社扶贫专户核算

村集体股份经济合作社扶贫专户核算

扶贫资金形成资产移交村集体股份经济合作社管理后，对这些资产应当将扶贫资产分类确认所有权，纳入村级"三资"管理平台，应该单独设立账套，实现专户核算，建立资产登记管理台账，及时反映扶贫资产使用变动、收益分配情况。

（一、）扶贫资金形成资产的确权

扶贫资金投入到村集体股份经济合作社形成的扶贫资产归村集体所有。资金来源属于多个村集体的，按各方出资比例或约定的股权比例确认所有权。

扶贫资金投入到农民合作社、企业等市场主体形成的资产，按照投资协议的约定，落实市场经营主体的经营和管护职责；资产所有权移交给村集体所有，列入村集体对外投资管理。

扶贫资金形成的资产价值确认依据：资产移交确认书、购置固定资产发票(原始价值)、验收报告、财务票据分割单、会议纪要等会计凭证、票据、文件(影印件)材料。

（二、）扶贫资金形成资产收益分配原则

对于扶贫资产形成的收益，应全部列入村集体投资收益。投资收益的分配按照相关协议的约定进行。一是按扶贫工作的要求，及时向建档立卡贫困户分红。二是按协议约定留归村集体部分应列入村集体投资收益。

（三、）扶贫资金形成资产的会计核算

（一）长期投资类

[例 7-1] 村集体收到扶贫专项资金 20 万元，以收据记账联和银行进账单记账。

借：银行存款　200000

　　贷：专项应付款——扶贫专款　200000

（注：此笔款项为扶贫专款，不能记入"补助收入"科目）。

[例7-2]经村"两委"会议、成员村民代表会议研究，并报镇扶贫办批准同意，村集体将扶贫专项资金20万元投资给村光伏发电合作社，投资期限三年。以投资合同书、收据和转账支票存根记账。

借：长期投资——村光伏发电合作社　200000

　　贷：银行存款　200000

同时，结转专项应付款：

借：专项应付款——扶贫专款　200000

　　贷：公积公益金　200000

[例7-3]年末，村集体收到村光伏合作社交来投资收益款，按投资合同约定，投资收益为20000元。以收据记账联和银行进账单记账。

借：银行存款　20000

　　贷：投资收益——村光伏合作社　20000

[例7-4]年末，村集体结转投资收益20000元。

借：投资收益　20000

　　贷：本年收益　20000

[例7-5]年末，经村"两委"会议和村民代表会议研究收益分配方案，按规定将村光伏合作社收益款20000元以现金形式全部分配给建档立卡贫困户。以村"两委"会议、村民代表会议决议和发放明细表记账。

提取农户分配：

借：收益分配——各项分配——贫困户　20000

　　贷：内部往来——各贫困户　20000

发放农户分配：

借：内部往来——各贫困户　20000

　　贷：现金　20000

（二）购置资产类

[例7-6]村集体收到扶贫企业拨入专款500000元，用于新建冷库一座。以收据记账联和银行进账单记账。

收到专款：

借：银行存款 500000

　　贷：专项应付款——扶贫项目　500000

建设冷库支出：

借：在建工程——冷库　500000

　　贷：银行存款　500000

冷库建成完工后，经验收合格，结转固定资产，以资产移交确认书、验收报告记账：

借：固定资产——扶贫资金项目——冷库　500000

　　贷：在建工程——冷库　500000

结转专项应付款：

借：专项应付款——冷库　500000

　　贷：公积公益金　500000

年末，村集体收到镇扶贫企业转来冷库收益分红款 5 万元：

借：银行存款　50000

　　贷：内部往来——各贫困户　50000

村集体将分红款 5 万元以现金形式发放给贫困户：

借：内部往来——各贫困户 50000

　　贷：现金　50000

8章

村集体股份经济合作社会计报表

村集体股份经济合作社会计报表

一、村集体股份经济合作社会计报表的概念

会计报表是反映村集体股份经济合作社一定时期内经济活动情况的书面报告。村集体股份经济合作社应按规定准确、及时、完整地编报会计报表，定期向财政部门或农村经营管理部门上报，并向全体成员公布。

二、村集体股份经济合作社会计报表的种类

村集体股份经济合作社应编制以下会计报表：

1. 月份报表或季度报表：包括科目余额表和收支明细表。

2. 年度报表：包括资产负债表和收益及收益分配表。

年度会计报表的格式及编制说明如下：

编制单位：　　　　　　　　　　　　　　年　月　日　　　　　　　　　村会01表
单位：元

资　产	行次	年初数	年末数	负债及所有者权益	行次	年初数	年末数
流动资产：				流动负债：			
货币资金	1			短期借款	35		
短期投资	2			应付款项	36		
应收款项	5			应付工资	37		
存　货	8			应付福利费	38		
流动资产合计	9			流动负债合计	41		
农业资产：				长期负债：			
牲畜（禽）资产	10			长期借款及应付款	42		
林木资产	11			一事一议资金	43		
农业资产合计	15			长期负债合计	46		
长期资产：				负债合计	49		
长期投资	16						
固定资产：							
固定资产原价	19						
减：累计折旧	20			所有者权益：			
固定资产净值	21			资本	50		
固定资产清理	22			公积公益金	51		
在建工程	23			未分配收益	52		
固定资产合计	26			所有者权益合计	53		
资产总计	32			负债和所有者权益总计	56		

图 8-1　资产负债表

补充资料：

项　目	金　额
无法收回、尚未批准核销的短期投资	
确实无法收回、尚未批准核销的应收款项	
盘亏、毁损和报废、尚未批准核销的存货	
死亡毁损、尚未批准核销的农业资产	
无法收回、尚未批准核销的长期投资	
盘亏和毁损、尚未批准核销的固定资产	
毁损和报废、尚未批准核销的在建工程	

资产负债表编制说明：

1.本表反映村集体股份经济合作社年末全部资产、负债和所有者权益状况。

2.本表"年初数"应按上年末资产负债表"年末数"栏内所列数字填列。如果本年度资产负债表规定的各个项目的名称和内容同上年度不相一致，应对上年末资产负债表各项目的名称和数字按照本年度的规定进行调整，填入本表"年初数"栏内，并加以书面说明。

3.本表"年末数"各项目的内容和填列方法如下：

(1)"货币资金"项目，反映村集体股份经济合作社库存现金、银行存款等货币资金的合计数。本项目应根据"现金""银行存款"科目的年末余额合计填列。

(2)"短期投资"项目，反映村集体股份经济合作社购入的各种能随时变现并且持有时间不超过一年（含一年）的有价证券等投资。本项目应根据"短期投资"科目的年末余额填列。

(3)"应收款项"项目，反映村集体股份经济合作社应收而未收回和暂付的各种款项。本项目应根据"应收款"科目年末余额和"内部往来"各明细科目年末借方余额合计数合计填列。

(4)"存货"项目，反映村集体股份经济合作社年末在库、在途和在加工中的各项存货的价值，包括各种原材料、农用材料、农产品、工业产成品等物资、在产品等。本项目应根据"库存物资""生产（劳务）成本"科目年末余额合计填列。

(5)"牲畜（禽）资产"项目，反映村集体股份经济合作社购入或培育的幼畜及育肥畜和产役畜的账面余额。本项目应根据"牲畜（禽）资产"科目的年末余额填列。

(6)"林木资产"项目，反映村集体股份经济合作社购入或营造的林木的账面余额。本项目应根据"林木资产"科目的年末余额填列。

(7)"长期投资"项目，反映村集体股份经济合作社不准备在一年内(不含一年)变现的投资。本项目应根据"长期投资"科目的年末余额填列。

(8)"固定资产原价"项目和"累计折旧"项目，反映村集体股份经济合作社各种固定资产原价及累计折旧。这两个项目应根据"固定资产"科目和"累计折旧"科目的年末余额填列。

(9)"固定资产清理"项目，反映村集体股份经济合作社因出售、报废、毁损等原因转入清理但尚未清理完毕的固定资产的账面净值，以及固定资产清理过程中所发生的清理费用和变价收入等各项金额的差额。本项目应根据"固定资产清理"科目的年末借方余额填列；如为贷方余额，本项目数字应以"–"号表示。

(10)"在建工程"项目，反映村集体股份经济合作社各项尚未完工或虽已完工但尚未办理竣工决算的工程项目实际成本。本项目应根据"在建工程"科目的年末余额填列。

(11)"短期借款"项目，反映村集体股份经济合作社借入尚未归还的一年期以下(含一年)的借款。本项目应根据"短期借款"科目的年末余额填列。

(12)"应付款项"项目，反映村集体股份经济合作社应付而未付及暂收的各种款项。本项目应根据"应付款"科目年末余额和"内部往来"各明细科目年末贷方余额合计数合计填列。

(13)"应付工资"项目，反映村集体股份经济合作社已提取但尚未支付的职工工资。本项目应根据"应付工资"科目年末余额填列。

(14)"应付福利费"项目，反映村集体股份经济合作社已提取但尚未使用的福利费金额。本项目应根据"应付福利费"科目年末贷方余额填列；如为借方余额，本项目数字应以"–"号表示。

(15)"长期借款及应付款"项目，反映村集体股份经济合作社借入尚未归还的一年期以上(不含一年)的借款以及偿还期在一年以上(不含一年)的应付未付款项。本项目应根据"长期借款及应付款"科目年末余额填列。

(16)"一事一议资金"项目，反映村集体股份经济合作社应当用于一事一议专项工程建设的资金数额。本项目应根据"一事一议资金"科目年末贷方余额填列；如为借方余额，本项目数字应以"–"号表示。

(17)"资本"项目，反映村集体股份经济合作社实际收到投入的资本总额。本项目应根据"资本"科目的年末余额填列。

(18)"公积公益金"项目，反映村集体股份经济合作社公积公益金的年末余额。本项目应根据"公积公益金"科目的年末贷方余额填列。

(19)"未分配收益"项目，反映村集体股份经济合作社尚未分配的收益。本项目应根据"本年收益"科目和"收益分配"科目的余额计算填列；未弥补的亏损，在本项目内数字以"–"号表示。

年度

村会02表
单位：元

编制单位：

项　目	行次	金额	项　目	行次	金额
本年收益			**收益分配**		
一、经营收入	1		四、本年收益	21	
加：发包及上交收入	2		加：年初未分配收益	22	
投资收益	3		其他转入	23	
减：经营支出	6		五、可分配收益	26	
管理费用	7		减：1.提取公积公益金	27	
二、经营收益	10		2.提取应付福利费	28	
加：农业税附加返还收入	11		3.外来投资分利	29	
补助收入	12		4.农户分配	30	
其他收入	13		5.其他	31	
减：其他支出	16				
三、本年收益	20		六、年末未分配收益	35	

图8-2　收益及收益分配表

收益及收益分配表编制说明：

1.本表反映村集体股份经济合作社年度内收益实现及其分配的实际情况。村(组)办企业和承包农户的数字不在此列。

2.本表主要项目的内容及其填列方法如下：

(1)"经营收入"项目，反映村集体股份经济合作社进行各项生产、服务等经营活动取得的收入。本项目应根据"经营收入"科目的本年发生额分析填列。

(2)"发包及上交收入"项目，反映村集体股份经济合作社取得的农户和其他单位上交的承包金及村(组)办企业上交的利润等。本项目应根据"发包及上交收入"科目的本年发生额分析填列。

(3)"投资收益"项目，反映村集体股份经济合作社对外投资取得的收益。

本项目应根据"投资收益"科目的本年发生额分析填列；如为投资损失，以"－"号填列。

(4)"经营支出"项目，反映村集体股份经济合作社因销售商品、农产品、对外提供劳务等活动而发生的支出。本项目应根据"经营支出"科目的本年发生额分析填列。

(5)"管理费用"项目，反映村集体股份经济合作社管理活动发生的各项支出。本项目应根据"管理费用"科目的本年发生额分析填列。

(6)"经营收益"项目，反映村集体股份经济合作社本年通过生产经营活动实现的收益。如为净亏损，本项目数字以"－"号填列。

(7)"农业税附加返还收入"项目，反映村集体股份经济合作社按有关规定收到的财税部门返还的农业税附加、牧业税附加等资金。本项目应根据"农业税附加返还收入"科目的本年发生额分析填列。

(8)"补助收入"项目，反映村集体股份经济合作社获得的财政等有关部门的补助资金。本项目应根据"补助收入"科目的本年发生额分析填列。

(9)"其他收入"项目和"其他支出"项目，反映村集体股份经济合作社与经营管理活动无直接关系的各项收入和支出。这两个项目应分别根据"其他收入"科目和"其他支出"科目的本年发生额分析填列。

(10)"本年收益"项目，反映村集体股份经济合作社本年实现的收益总额。如为亏损总额，本项目数字以"－"号填列。

(11)"年初未分配收益"项目，反映村集体股份经济合作社上年度未分配的收益。本项目应根据上年度收益及收益分配表中的"年末未分配收益"数额填列。如为未弥补的亏损，本项目数字以"－"号填列。

(12)"其他转入"项目，反映村集体股份经济合作社按规定用公积公益金弥补亏损等转入的数额。

(13)"可分配收益"项目，反映村集体股份经济合作社年末可分配的收益总额。本项目应根据"本年收益"项目、"年初未分配收益"项目和"其他转入"项目的合计数填列。

(14)"年末未分配收益"项目，反映村集体经济组织年末累计未分配的收益。本项目应根据"可分配收益"项目扣除各项分配数额的差额填列。如为未弥补的亏损，本项目数字以"－"号填列。

第9章

村集体股份经济合作社会计档案

第一节　村集体股份经济合作社
会计档案的概念

村集体股份经济合作社会计档案是指在进行会计核算等过程中接收或形成的,记录和反映单位经济业务事项的,具有保存价值的文字、图表等各种形式的会计资料,包括通过计算机等电子设备形成、传输和存储的电子会计档案。

村集体经济股份合作社应当加强会计档案管理工作,建立和完善会计档案的收集、整理、保管、利用和鉴定销毁等管理制度,采取可靠的安全防护技术和措施,保证会计档案的真实、完整、可用、安全。

第二节　村集体经济股份合作社
会计档案的内容

村集体股份经济合作社的会计档案包括农业承包合同及其他经济合同或协议,各项财务计划及收益分配方案,各种会计凭证、会计账簿和会计报表、会计人员交接清单、会计档案销毁清单等。

村集体股份经济合作社的档案分为纸质档案和电子档案两种。

一、村集体股份经济合作社纸质档案

村集体经济股份合作社下列会计资料应当进行归档:

1.会计凭证,包括原始凭证、记账凭证;

2.会计账簿,包括总账、明细账、日记账、固定资产卡片及其他辅助性账簿;

3.财务会计报告,包括月度、季度、半年度、年度财务会计报告;

4.其他会计资料,包括银行存款余额调节表、银行对账单、纳税申报表、会计档案移交清册、会计档案保管清册、会计档案销毁清册、会计档案鉴定意见书及其他具有保存价值的会计资料。

二、村集体股份经济合作社电子档案

村集体股份经济合作社可以利用计算机、网络通信等信息技术手段管理会计档案。

同时满足下列条件的,单位内部形成的属于归档范围的电子会计资料可仅以电子形式保存,形成电子会计档案:

1.形成的电子会计资料来源真实有效,由计算机等电子设备形成和传输;

2.使用的会计核算系统能够准确、完整、有效接收和读取电子会计资料,能够输出符合国家标准归档格式的会计凭证、会计账簿、财务会计报表等会计资料,设定了经办、审核、审批等必要的审签程序;

3.使用的电子档案管理系统能够有效接收、管理、利用电子会计档案,符合电子档案的长期保管要求,并建立了电子会计档案与相关联的其他纸质会计档案的检索关系;

4.采取有效措施,防止电子会计档案被篡改;

5.建立电子会计档案备份制度,能够有效防范自然灾害、意外事故和人为破坏的影响;

6.形成的电子会计资料不属于具有永久保存价值或者其他重要保存价值的会计档案。电子会计资料附有符合《中华人民共和国电子签名法》规定的电子签名的,可仅以电子形式归档保存,形成电子会计档案。

第三节　村集体股份经济合作社
会计档案的管理

一、村集体股份经济合作社会计档案的归档

村集体股份经济合作社应按照归档范围和归档要求,负责定期将应当归档的会计资料整理立卷,编制会计档案保管清册。村集体股份经济合作社应当严格按照相关制度利用会计档案,在进行会计档案查阅、复制、借出时履行登记手续,严禁篡改和损坏。

二、村集体股份经济合作社会计档案的利用

村集体股份经济合作社应当严格按照相关制度利用会计档案,在进行会计档案查阅、复制、借出时履行登记手续,严禁篡改和损坏。

村集体股份经济合作社保存的会计档案一般不得对外借出。确因工作需要且根据国家有关规定必须借出的,应当严格按照规定办理相关手续。

会计档案借用单位应当妥善保管和利用借入的会计档案,确保借入会计档案的安全完整,并在规定时间内归还。

三、村集体股份经济合作社会计档案的移交

村集体股份经济合作社办理会计档案移交时,应当编制会计档案移交清册,并按照国家档案管理的有关规定办理移交手续。纸质会计档案移交时应当保持原卷的封装

村集体股份经济合作社在电子会计档案移交时应当将电子会计档案及其元数据一并移交,且文件格式应当符合国家档案管理的有关规定。特殊格式的电子会计档案应当与其读取平台一并移交。

四、村集体股份经济合作社会计档案的保管期限

会计档案的保管期限分为永久、定期两类。定期保管期限一般分为 10 年和 30 年。

会计档案的保管期限,从会计年度终了后的第一天算起。

表 9-1　企业和其他组织会计档案保管期限表

序号	档案名称	保管期限	备注
一	会计凭证		
1	原始凭证	30 年	
2	记账凭证	30 年	
二	会计账簿		
3	总账	30 年	
4	明细账	30 年	
5	日记账	30 年	
6	固定资产卡片		固定资产报废清理后保管 5 年
7	其他辅助性账簿	30 年	
三	财务会计报告		
8	月度、季度、半年度财务会计报告	10 年	
9	年度财务会计报告	永久	
四	其他会计资料		
10	银行存款余额调节表	10 年	
11	纳税申报表	10 年	
12	纳税申报表	10 年	
13	会计档案移交清册	30 年	
14	会计档案保管清册	永久	
15	会计档案销毁清册	永久	
16	会计档案鉴定意见书	永久	

五、村集体股份经济合作社会计档案的销毁

村集体股份经济合作社经鉴定可以销毁的会计档案,应当按照以下程序销毁:

(一)村集体股份经济合作社档案管理机构编制会计档案销毁清册,列明拟销毁会计档案的名称、卷号、册数、起止年度、档案编号、应保管期限、已保管期限和销毁时间等内容。

(二)村集体股份经济合作社负责人、档案管理机构负责人、会计管理机构负责人、档案管理机构经办人、会计管理机构经办人在会计档案销毁清册上签署意见。

(三)村集体股份经济合作社档案管理机构负责组织会计档案销毁工作,并与会计管理机构共同派员监销。监销人在会计档案销毁前,应当按照会计档案销毁清册所列内容进行清点核对;在会计档案销毁后,应当在会计档案销毁清册上签名或盖章。

电子会计档案的销毁还应当符合国家有关电子档案的规定,并由单位档案管理机构、会计管理机构和信息系统管理机构共同派员监销。

保管期满但未结清的债权债务会计凭证和涉及其他未了事项的会计凭证不得销毁,纸质会计档案应当单独抽出立卷,电子会计档案单独转存,保管到未了事项完结时为止。

单独抽出立卷或转存的会计档案,应当在会计档案鉴定意见书、会计档案销毁清册和会计档案保管清册中列明。

第10章

村集体股份经济合作社示范章程

村集体股份经济合作社示范章程

为促进农村集体经济组织规范发展，保障农村集体经济组织及其成员的合法权益，依据《中华人民共和国民法典》以及国家有关法律法规政策，农业农村部 2020 年 11 月 4 日印发了《农村集体经济组织示范章程（试行）》农政改发〔2020〕5 号，农村集体股份经济合作社应该参照示范章程，制定或完善本集体股份经济合作社章程。

示范章程：

_____经济（股份经济）合作社章程

（___年___月___日成员大会通过。〔___年___月___日成员大会修订通过。〕）

第一章　　总　　则

第一条 为巩固和完善以家庭承包经营为基础、统分结合的双层经营体制，促进集体经济发展，规范集体资产管理，维护本社和全体成员的合法权益，依据《中华人民共和国宪法》《中华人民共和国民法典》和有关法律、法规、政策，结合本社实际，制定本章程。

第二条 本社名称：___县（市、区）___乡（镇、街道）___村（社区）___组经济（股份经济）合作社。

本社法定代表人：____【注：理事长姓名】。

本社住所：_____。

第三条 本社以维护集体成员权益、实现共同富裕为宗旨，坚持集体所有、合作经营、民主管理，实行各尽所能、按劳分配、共享收益的原则。

第四条 本社集体资产包括：

（一）本社成员集体所有的土地、森林、山岭、草原、荒地、滩涂等资源性资产；

（二）本社成员集体所有的用于经营的房屋、建筑物、机器设备、工具器具、农业基础设施、集体投资兴办的企业及其所持有的其他经济组织的资产份额、无形资产等经营性资产；

（三）本社成员集体所有的用于公共服务的教育、科技、文化、卫生、体育等方面的非经营性资产；

（四）本社接受政府拨款、减免税费、社会捐赠等形成的资产；

（五）依法属于本社成员集体所有的其他资产。

根据资产清查结果，截至＿＿年＿＿月＿＿日，本社集体土地【注：包括农用地、建设用地和未利用地】总面积为＿＿＿亩，集体账面资产总额为＿＿＿元，负债总额为＿＿＿元，净资产总额为＿＿＿元。经营性资产总额为＿＿＿元。

第五条　本社依照有关法律、法规、政策的规定，以集体土地等资源性资产所有权以外的集体经营性资产对债务承担责任。

第六条　本社依法履行管理集体资产、开发集体资源、发展集体经济、服务集体成员等职能，开展以下业务：

（一）保护利用本社成员集体所有或者国家所有依法由本社集体使用的农村土地等资源，并组织发包、出租、入股，以及集体经营性建设用地出让等；

（二）经营管理本社成员集体所有或者国家所有依法由本社集体使用的经营性资产，并组织转让、出租、入股、抵押等；

（三）管护运营本社成员集体所有或者国家所有依法由本社集体使用的非经营性资产；

（四）提供本社成员生产经营所需的公共服务；

（五）依法利用本社成员集体所有或者国家所有依法由本社集体使用的资产对外投资，参与经营管理；

（六）其他业务：＿＿＿＿＿＿＿＿＿。

第七条　本社在党的基层组织领导下，依法开展经济活动，并接受乡镇人民政府（街道办事处）和县级以上农业农村部门的指导和监督。

本社重大决策参照执行"四议两公开"机制，即村党组织提议、村党组织和本社理事会会议商议、党员大会审议、集体成员（代表）大会决议，决议公开、实施结果公开。

本社主要经营管理人员的选举、罢免以及涉及成员切身利益的重大事项，按照有关法律、法规、政策和本章程规定程序决策、报批和实施。

第二章　成　员

第八条 本社成员身份确认基准日为＿＿年＿＿月＿＿日。

本社遵循"尊重历史、兼顾现实、程序规范、群众认可"的原则，统筹考虑户籍关系、农村土地承包关系、对集体积累的贡献等因素，按照有关法律、法规、政策共确认成员＿＿人（名单见本章程所附成员名册）。

基准日以后，本社成员身份的取得和丧失，依据法律、法规和本章程规定。

第九条 户籍在本社所在地且长期在本社所在地生产生活，履行法律、法规和本章程规定义务，符合下列条件之一的公民，经书面申请，由本社成员（代表）大会表决通过的，取得本社成员身份：

（一）父母双方或一方为本社成员的；

（二）与本社成员有合法婚姻关系的；

（三）本社成员依法收养的；

（四）＿＿　＿＿＿＿＿＿；

……

第十条 下列人员丧失本社成员身份：

（一）死亡或被依法宣告死亡的；

（二）已取得与本社没有隶属关系的其他农村集体经济组织成员身份的；

（三）自愿书面申请放弃本社成员身份的；

（四）丧失中华人民共和国国籍的；

（五）＿＿＿＿＿＿＿；

（六）按照有关法律、法规、政策规定丧失成员身份的。

第十一条 本社成员享有下列权利：

（一）具有完全民事行为能力的成员享有参加成员大会，并选举和被选举为本社成员代表、理事会成员、监事会成员的权利；

（二）按照法律、法规、政策和章程规定行使表决权；

（三）监督集体资产经营管理活动、提出意见和建议的权利，有权查阅、复制财务会计报告、会议记录等相关资料；

（四）依法依规承包经营土地等集体资产、使用宅基地及享有其他集体资源性资产权益；

（五）依法依规享有集体经营性资产收益分配权；

（六）享有本社提供的公共服务、集体福利的权利；

（七）在同等条件下享有承担集体资产对外招标项目的优先权；

（八）法律、法规、政策和章程规定的其他权利。

第十二条 本社成员承担下列义务：

（一）遵守本社章程和各项规章制度，执行成员（代表）大会和理事会的决议；

（二）关心和参与本社的生产经营和管理活动，维护本社的合法权益；

（三）依法依约开展集体资产承包经营；

（四）积极参加本社公益活动；

（五）法律、法规、政策和章程规定的其他义务。

第三章　　组织机构

第十三条 本社设成员大会〔成员代表大会〕、理事会、监事会。【注：也可以根据实际需要增设其他经营管理机构】

第十四条 成员大会是本社最高权力机构。成员大会由本社具有完全民事行为能力的全体成员组成。

第十五条 成员大会行使下列职权：

（一）审议、修改本社章程；

（二）审议、修改本社各项规章制度；

（三）审议、决定相关人员取得或丧失本社成员身份事项；

（四）选举、罢免理事会成员和监事会成员；

（五）审议、批准理事会和监事会工作报告；

（六）审议、批准主要经营管理人员及其任期；

（七）审议、批准理事会成员和监事会成员以及主要经营管理人员的薪酬；

（八）审议、批准本社集体经济发展规划、业务经营计划、年度财务预决算、年度收益分配方案；

（九）审议、决定土地发包、宅基地分配、集体经营性资产份额（股份）量化等集体资产处置重大事项；

（十）对本社合并、分立、解散等作出决议；

（十一）法律、法规、政策和章程规定应由成员大会决定的其他事项。

第十六条 成员大会由理事会召集，每年不少于一次。成员大会实行一人一票的表决方式。

召开成员大会应当有三分之二以上具有表决权的成员参加。成员大会对一般事项作出决议，须经本社成员表决权总数过半数通过；对修改本社章程，决定相关人员取得或丧失本社成员身份，本社合并、分立、解散以及变更法人组织形式，以及集体资产处置等重大事项作出决议，须经本社成员表决权总数的三分之二以上通过。

【注：第十七条、第十八条为选择性内容，设立成员代表大会的集体经济组织须在章程中写明相关条款。】

第十七条 本社设立成员代表大会，以户为单位选出成员代表____人【注：一般为每五户至十五户选举代表一人，但代表人数不得少于二十人；成员在五百人以上的集体经济组织，成员代表不得少于三十人】。〔除以户为单位选出的成员代表外，本社另选妇女成员代表___人。〕

成员代表每届任期五年，可以连选连任。

成员代表大会履行本章程第十五条除第一项以外的第____项至第____项规定的成员大会职权。

第十八条 成员代表大会每年至少召开__次，成员代表大会实行一人一票的表决方式。召开成员代表大会应当有本社三分之二以上的成员代表参加。成员代表大会对一般事项作出决议，须经成员代表表决权总数过半数通过；对重大事项作出决议，须经成员代表表决权总数的三分之二以上通过。成员代表大会表决通过的事项应当至少公示五个工作日。

第十九条 有下列情形之一的，理事会应当在二十日内召开临时成员（代表）大会：

（一）十分之一以上有表决权的成员提议；

（二）理事会提议；

（三）监事会提议；

（四）法律、法规、政策规定的其他情形。

理事会不能履行或者在规定期限内没有正当理由不履行召集临时成员（代表）大会职责的，监事会（执行监事）在二十日内召集并主持临时成员（代表）大会。

第二十条 理事会是本社的日常决策、管理和执行机构，由＿＿名理事组成，设理事长一名，〔副理事长＿＿名〕。理事长是本社的法定代表人。理事会成员由成员（代表）大会以差额方式选举产生，每届任期五年，可以连选连任。

理事长主持理事会的工作。理事长因特殊原因不能履行职务时，由副理事长或理事长委托的理事会成员主持工作。

第二十一条 理事会成员须为年满十八周岁、具有一定文化知识、较高政治素质以及相应经营管理能力的本社成员。

第二十二条 理事会行使下列职权：

（一）召集、主持成员（代表）大会，并向其报告工作；

（二）执行成员（代表）大会的决议；

（三）拟订本社章程修改草案，并提交成员大会审议；

（四）起草本社集体经济发展规划、业务经营计划、内部管理规章制度、成员身份变更名单等，并提交成员（代表）大会审议；

（五）起草本社年度财务预决算、收益分配等方案，并提交成员（代表）大会审议；

（六）提出本社主要经营管理人员及其薪酬建议并提交成员（代表）大会审议，决定聘任或解聘本社其他工作人员及其薪酬；

（七）管理本社资产和财务，保障集体资产安全；签订发包、出租、入股等合同，监督、督促承包方、承租方、被投资方等履行合同；

（八）接受、答复、处理本社成员或监事会提出的有关质询和建议；

（九）履行成员（代表）大会授予的其他职权。

第二十三条 理事长行使下列职权：

（一）召集并主持理事会会议；

（二）组织实施理事会通过的决定，并向理事会报告工作；

（三）代表理事会向成员（代表）大会报告工作；

（四）代表本社签订合同；

（五）代表本社签署并颁发份额（股份）证书；

（六）本社章程规定或者理事会授予的其他职权。

第二十四条 理事会会议应当有三分之二以上的理事会成员出席方可召开。有三分之一以上理事提议的，可召开临时理事会会议。

理事会会议实行一人一票的表决方式。理事会形成决议，须集体讨论并经过半数理事同意，出席会议的理事在会议决议上签名。理事个人对某项决议有不同意见时，其意见载入会议决议并签名。

理事会的决议事项违反法律、法规、政策或本章程、成员（代表）大会决议的，赞成该决议的理事应当承担相应责任。

第二十五条 监事会是本社的内部监督机构，由＿＿＿名监事组成，设监事长一名，〔副监事长＿＿名〕。【注：成员少于五十人的，可以只设执行监事一名】

监事会成员由成员（代表）大会以差额方式选举产生，每届任期与理事会相同，可以连选连任。监事会成员须为年满十八周岁、具有一定的财务会计知识和较高的政治素质的本社成员。理事会成员、财务会计人员及其近亲属不得担任监事会成员。

监事长（执行监事）列席理事会会议，并对理事会决议事项提出质询或建议。

第二十六条 监事会行使下列职权：

（一）监督理事会执行成员（代表）大会的决议；

（二）向成员（代表）大会提出罢免理事会成员以及主要经营管理人员的建议；

（三）监督检查本社集体资产发包、出租、招投标等各项业务经营及合同签订履行情况，审核监察本社财务情况；

（四）反映本社成员对集体资产经营管理的意见和建议，向理事长或者理事会提出工作质询和改进工作的建议；

（五）提议召开临时成员（代表）大会；

（六）协助政府有关部门开展本社财务检查和审计监督工作；

（七）向成员（代表）大会报告工作；

（八）履行成员（代表）大会授予的其他职权。

第二十七条 监事会会议由监事长召集，会议决议以书面形式通知理事会。

监事会会议应当有三分之二以上的监事出席方可召开。监事会会议实行一人一票的表决方式。监事会形成决议，须集体讨论并经过半数监事同意，出席会议的监事在会议决议上签名。监事个人对某项决议有不同意见时，其意见载入会议决议并签名。

第二十八条 本社五分之一以上具有表决权的成员〔三分之一以上的成员代表〕可以联名要求罢免理事会、监事会成员，理事会应当在收到罢免议案二十日内召集成员（代表）大会进行表决。

第二十九条 理事、监事及经营管理人员不得有下列行为：

（一）侵占、挪用或私分本社集体资产；

（二）违规将本社资金借贷给他人或者以本社资产为他人提供担保；

（三）将他人与本社交易的佣金归为己有；

（四）将本社资金以个人名义开立账户存储；

（五）泄露本社商业秘密；

（六）从事损害本社经济利益的其他活动。

理事、监事及经营管理人员违反前款规定所得收入归本社所有；给本社造成损失的，须承担相应的法律责任。

第三十条 成员（代表）大会、理事会或监事会的决议违反法律、法规、政策和章程规定，侵害本社利益或成员合法权益的，任何成员有权向乡镇人民政府（街道办事处）或县（市、区）有关部门反映或依法提起诉讼，任何组织、个人不得阻挠或打击报复。

第四章　　资产经营和财务管理

第三十一条 本社集体资产经营以效益为中心，统筹兼顾分配与积累，促进集体资产保值增值。

本社理事会依照有关法律、法规、政策以及本章程规定的有关职权和程序，利用多种方式开展资产运营，发展壮大集体经济。

第三十二条 本社建立健全以下集体资产管理制度：

（一）年度资产清查制度，每年组织开展资产清查，清查结果向全体成员公示，无异议后及时上报；

（二）资产登记制度，按照资产类别建立台账，及时记录增减变动情况；

（三）资产保管制度，分类确定资产管理和维护方式，以及管护责任；

（四）资产使用制度，集体资产发包、出租、入股等经营行为必须履行民主程序，实行公开协商或对外招标，强化合同管理；

（五）资产处置制度，明确资产处置流程，规范收益分配；

（六）_____。

第三十三条 本社严格执行农村集体经济组织财务制度和会计制度，实行独立会计核算。

本社建立集体收入管理、开支审批、财务公开、预算决算等财务制度。

第三十四条 本社依照有关法律、法规、政策的规定，只开设一个银行基本存款账户。

第三十五条 本社应配备具有专业能力的财务会计人员。

本社会计和出纳互不兼任。理事会、监事会成员及其近亲属不得担任本社的财务会计人员。如无违反财经法纪行为，财务会计人员应当保持稳定，不随本社换届选举而变动。

第三十六条 本社各项收支须经理事长审核签章，重大财务事项应接受监事会（执行监事）的事前、事中、事后监督。

第三十七条 本社在固定的公开栏每季度〔月〕公开一次财务收支情况；随时公开集体重大经济事项。会计年度终了后应及时公开上年度资产状况、财务收支、债权债务、收益分配、预决算执行等情况。财务公开资料须报乡镇人民政府（街道办事处）备案。

第三十八条 本社接受县级以上有关部门和乡镇人民政府（街道办事处）依法依规进行的财务检查和审计监督，发现违规问题及时整改。

第五章　　经营性资产量化与收益分配

第三十九条 本社将经营性资产（不含集体土地所有权，下同）以份额形式量化到本社成员，设置份额___份，作为收益分配的依据。

〔本社将经营性资产（不含集体土地所有权，下同）设置股份____股，作为收益分配的依据。股金总额___元，每股金额___元。其中：成员股___股，股金总额___元〔集体股___股，股金总额___元〕。

成员股包括以下类型：

（一）人口股，共计___股，股金总额___元；

（二）劳龄股，共计___股，股金总额___元；

（三）扶贫股，共计___股，股金总额___元；

（四）敬老股，共计___股，股金总额___元；

（五）......

第四十条 本社建立经营性资产份额（股份）登记簿，记载份额（股份）持有信息，本社以户为单位颁发证书，加盖本社印章和理事长印鉴（签名）。因户内成员变化、分户等需要变更证书有关内容的，由户主向理事会申请变更登记。

第四十一条 本社按章程量化经营性资产后，成员份额（股份）实行户内共享、社内流转。

成员持有的集体经营性资产份额（股份）可以在本社成员内部转让或者由本社赎回。

转让经营性资产份额（股份）给本社其他成员的，受让方所持份额（股份）占本社全部份额（股份）比重不得超过百分之____；由本社赎回的，应由成员自愿提出申请，经本社成员（代表）大会同意后，按照协商价格赎回。赎回的份额（股份）用于减少总份额（股份）〔追加到集体股中〕。

第四十二条 本社坚持效益决定分配、集体福利与成员增收兼顾的原则。集体收入优先用于公益事业、集体福利和扶贫济困，可分配收益按成员持有的集体经营性资产份额（股份）分红。严格实行量入为出，严禁举债搞公益，严禁举债发福利，严禁举债分红。

第四十三条 本社根据当年经营收益情况，制订年度收益分配方案。年度收益分配方案应当明确各分配项目和分配比例，经成员（代表）大会审议通过后，报乡镇人民政府（街道办事处）备案。

第四十四条 本社本年可分配收益为当年收益与上年未分配收益之和。本社留归集体的土地补偿费应列入公积公益金，不得作为集体收益进行分配；集体建设用地出让、出租收益应充分考虑以后年度收入的持续稳定，不得全额在当年分配。

第四十五条 本社本年可分配收益按以下顺序进行分配：

（一）提取公积公益金，用于转增资本、弥补亏损以及集体公益设施建设等；

（二）提取福利费，用于集体福利、文教、卫生等方面的支出；

（三）按持有本社经营性资产份额（股份）分红。

第六章　　变更和注销

第四十六条 本社名称、住所、法定代表人等登记事项发生变更的，由理事会依法依规申请变更登记。

第四十七条 本社因合并、分立、解散等依法依规需注销的，由成员大会表决通过，并依照相关法律政策履行审核批准程序。

注销前，必须对本社进行清产核资，核销债权债务。本社集体资产的处置方案必须提交成员大会表决通过方可实施。

第七章　　附　则

第四十八条 本章程经乡镇人民政府（街道办事处）审核，于__年__月__日由成员大会表决通过，全体成员（代表）签字后生效，并报县（市、区）农业农村部门备案。

第四十九条 修改本社章程，须经理事会或者半数以上具有表决权的成员提议；理事会拟订修改草案并提交成员大会审议通过后，新章程方可生效。

第五十条 本章程在执行中与有关法律、法规、政策相抵触时，应以法律、法规、政策的规定为准，并按程序对章程相关内容进行修改。

第五十一条 本章程后附成员名册、经营性资产份额（股份）登记簿〔_____〕，为本章程的有效组成部分。

第五十二条 本章程由本社理事会负责解释。

全体成员〔代表〕签名或盖章：